Karlheinz Hecht · Englisch / Sekundarstufe I

Karlheinz Hecht

Englisch/Sekundarstufe I

Unterrichtsplanung und Unterrichtsgestaltung

Band 2: Unterrichtsgestaltung

 Verlag Ludwig Auer Donauwörth

3., überarbeitete Auflage. 1982
© by Verlag Ludwig Auer, Donauwörth. 1977
Alle Rechte vorbehalten
Gesamtherstellung: Druckerei Ludwig Auer, Donauwörth
ISBN 3-403-00700-6

Inhaltsverzeichnis

0.	**Vorüberlegungen**	8
1.	**Schüleroperationen im Ablauf eines Unterrichtszyklus**	11
1.1	Die Stufe der Kognition	11
1.2	Die Stufe der produzierenden Operationen	14
1.2.1	Die Operation des Speicherns von Informationen	14
1.2.2	Die Operationen aufgrund von konvergierenden Fähigkeiten	15
1.2.3	Die Operationen aufgrund von divergierenden Fähigkeiten	15
1.2.4	Die Operationen des Auswertens	15
2.	**Die didaktische Analyse**	17
2.1	Die Beschreibung der Ziele eines Unterrichtszyklus	17
2.2	Die Progression der Lernziele: Von den einzelnen Stufen des Sprachhandelns zum Diskurs	17
2.3	Die Anforderungen an die Inhalte eines Unterrichtszyklus und die Relation zwischen den Inhalten und den „Functions of language"	18
2.4	Zur Frage der Kontextualisierbarkeit der Inhalte	20
2.5	Die Differenzierungsmöglichkeiten bei den Lerninhalten	21
2.6	Lerninhalte und der „context of situation"	23
2.7	Die Progression der sprachlichen „skills"	24
3.	**Die methodische Analyse**	25
3.1	Die Abgrenzung des Unterrichtszyklus	25
3.1.1	Die Zeit für die Sprachaufnahmephase	25
3.1.2	Die Zeit für die Sprachverarbeitungsphase	25
3.1.3	Die Zeit für die Sprachanwendungsphase	26
3.1.4	Kriterien für den Abschluß eines Lernzyklus	27
3.2	Die Wahl der Unterrichtsverfahren	29
3.2.1	Grundsätzliche Gedanken für die Übungsverfahren	29
3.3	Die Sprachaufnahmephase	32
3.3.1	Die einführende Vorstufe für die Darbietung	32
3.3.2	Die Behandlung der Lexis	32
3.3.3	Die situative Einführung und Darbietung	33
3.3.4	Die Lernzielkontrolle für die Aufnahmephase	34

3.4	Die Sprachverarbeitungsphase	37
3.4.1	Das Speichern und die Frage des „Recall"	38
3.4.2	Das Einüben der neuen phonologischen Elemente	40
3.4.3	Lernzielkontrollen für phonologische Elemente	40
3.4.4	Das Einüben der Rechtschrift und Lernzielkontrollen	42
3.4.5	Das Einüben der Lexis und Lernzielkontrollen	43
3.4.6	Kriterien für die effektive Arbeit mit der Lexis	45
3.4.7	Die Planung des Unterrichtsgespräches und die Nacharbeit mit dem Text	46
3.4.8	Die Anlage von Vokabelheften und Wörterlisten	48
3.4.9	Das Einüben der neuen Elemente der Grammatik: Prinzipien für diese Übungsphase	50
3.4.10	Eine Übungstypologie für Grammar Exercises im Rahmen der Sprachverarbeitungsphase und Möglichkeiten der Lernziel- und Leistungskontrollen	52
3.4.11	Methodische Überlegungen zum Einüben von neuen Elementen aus dem Sachbereich „Grammatik"	58
3.4.12	Der Einsatz von Medien bei grammatischen Übungen	61
3.4.13	Fehlerquellen beim Schülerverhalten in der Verarbeitungsphase	62
3.4.14	Kriterien für Reihenübungen	63
3.5	Die Sprachanwendungsphase	64
3.5.1	Grundsätzliche Überlegungen für die Planung und Gestaltung	64
3.5.2	Das Schülerverhalten bei „Transfer und Kommunikation"	66
3.5.3	Fehlerbewertung, Fehleranalyse und Fehlertherapie	66
3.5.4	Der Begriff „TRANSFER" aus der Sicht der Lernpsychologie	69
3.5.5	Übungsmöglichkeiten in der Sprachanwendungsphase Fluency Exercises (74); Wortfeldübung (75); Übungen mit Bildern (76); Kontextualisierungsübungen (78); concept-teaching (78); precision exercises (79); Übungen mit narrativen Texten (80); enacting (80); pattern practice (81); Bildergeschichten (81); discourse-exercises (81); gelenkte Übungen = guiding (83); freie Sprachanwendung (85); Lernspiele (87)	73
3.5.6	„Register — switching": eine Sonderform der Übung in der Sprachanwendungsphase	87
3.5.7	Teilgruppenunterricht in dieser Phase	90
3.6	Einige Überlegungen zur Unterrichtssprache	93
3.7	Medienorganisationsplan	95

4.	**Die kritische Nachbesinnung**	100
4.1	Die einzelnen Aspekte für die Beurteilung einer Stunde	100
4.2	Der Bezugsrahmen für die Beschreibung einer Stunde	102
4.3	Möglichkeiten der Binnendifferenzierung	105
5.	**Die sprachlichen Fertigkeitsbereiche im Rahmen der Unterrichtsgestaltung**	107
5.1	Das Hörverstehen	108
5.1.1	Der Richtzielbereich „Hörverständnis"	109
5.1.2	Die Grobziele	111
5.2	Sprechtüchtigkeit	113
5.2.1	Der Richtzielbereich „Sprechen"	113
5.2.2	Die Grobziele	115
5.2.3	Der Dialog	116
5.2.4	Der Dialog unter dem Aspekt der linguistischen Pragmatik (Pragmeme, Praxeogramme)	118
5.2.5	Die methodische Aufbereitung des Dialogs	120
5.3	Das Leseverstehen	125
5.3.1	Der Richtzielbereich „Lesen"	126
5.3.2	Die Grobziele	128
5.3.3	Die Arbeit mit der Ganzschrift/Lektüre	129
5.4	Die Schreibtüchtigkeit	133
5.4.1	Die Richtziele für die Orientierungsstufe	133
5.4.2	Die Richtziele für die folgenden Jahre der Sekundarstufe I	136
5.4.3	Die Grobziele	137
6.	**Zusammenfassung und Ausblick**	139
Literaturverzeichnis		139

0. Vorüberlegungen

Anläßlich der dritten Auflage dieses Bandes, in der an einigen wichtigen Stellen der Inhalt an den Stand der jüngsten Erfahrungen und Erkenntnisse herangebracht wurde, scheint es im Rahmen dieser Vorüberlegungen sinnvoll, das Leitziel „kommunikative Kompetenz"[1], das hier seit der ersten Auflage im Mittelpunkt der Überlegungen stand, gegen eine Reihe von Mißverständnissen abzugrenzen.
Wir haben „kommunikative Kompetenz" von Anfang an als Oberbegriff für jene Fähigkeiten angesehen, die uns auch in der Fremdsprache in die Lage versetzen, durch die Sprache mit anderen etwas zu tun: „Koko" befähigt uns zum Sprachhandeln in Interaktionen. Diese Kompetenz setzt freilich eine Reihe von sprachlichen Fertigkeiten voraus, die wir zunächst benötigen, um in der Fremdsprache richtige Sätze bilden, bzw. deren Sinn verstehen zu können. Diese „Code-Competence" muß im Fremdsprachenunterricht sorgfältig herangebildet werden und wird nach dem Kriterium der Sprachrichtigkeit (= Übereinstimmung mit der Norm = „accuracy") bewertet.
Damit erschöpft sich aber nicht der Auftrag des Fremdsprachenunterrichts: es geht nicht primär darum, daß der Schüler die richtigen sprachlichen Zeichen (= Wörter) auszuwählen und sie gemäß der Norm anzuordnen vermag, sondern daß er erfolgreich Sprechakte ausführen kann. Neben Sprachrichtigkeit treten also jetzt Kriterien wie Situationsangemessenheit, Zweckorientiertheit und Partnerbezogenheit (= „Appropriacy"), die in der Fremdsprache in Übungen genauso zu lernen sind wie die Anpassung an die sprachliche Norm – letztere hatte sich früher oft als Ziel total verselbständigt.
Texte wie Übungen, die *ausschließlich* zum Erlernen von „accuracy" oder „grammaticality" geschaffen wurden, wirken unecht, weil sie die kommunikative und soziale Funktion der Sprache vernachlässigen. Sie veranlassen den Lernenden, unechte Sprache zu produzieren (non-authentic language).
Auf der anderen Seite wäre es ebenso irreführend, das Prinzip des „Sich-geradenoch-Verständlichmachens" („Survival English") als ausschließliches Ziel des Fremdsprachenunterrichts der Sekundarstufe I anzusehen: *kommunikativer Erfolg* hängt nicht nur davon ab, *ob* ich mich verständigen kann („comprehensibility" als Kriterium), sondern auch davon, *wie* richtig und *wie* angemessen ich mit der Fremdsprache umgehen kann („accuracy" und „appropriacy" als Kriterien). Kommunikativer Fremdsprachenunterricht bedeutet also keineswegs einen Unterrichtsstil nach dem Motto „anything goes".
Das bisher Dargelegte schöpft aber den Begriff „Koko" nicht völlig aus. Es sei daran erinnert, daß die Kommunikationswissenschaft von *mehreren* Vorstellun-

---

[1] Piepho, H. E. (1974)

gen von „communication" ausgeht. Für den Fremdsprachenunterricht auf der Sekundarstufe I sollten die *zwei* wesentlichen Modelle richtungsweisend sein: Das erste Modell sieht Kommunikation als „Übertragung von Nachrichten" („transmission of messages") an. Hier liegt der Schwerpunkt auf Fragen, wie der Sender Botschaften enkodiert, welcher sprachlicher Code zur Übermittlung auf welchem Medium (z. B. gesprochene/geschriebene Sprache) benutzt wird und wie der Empfänger die Nachricht entschlüsselt (dekodiert). Es geht also darum, wie wirksam und wie genau Nachrichten ausgetauscht werden: Kommunikation wird als ein *Prozeß* gesehen, in dem eine Person das Verhalten oder die Gedankenvorgänge eines Partners beeinflussen will. Dabei kann es sich um gesprochene Sprache handeln, die sich mehr oder weniger wie folgt klassifizieren läßt:

▶ phatic communication (Soziale Beziehungen herstellen, z. B. Gespräch übers Wetter)
▶ transactional communication (Zweck-orientierter Dialog, z. B. Gespräch an der Tankstelle)
▶ interactional communication (Person-bezogener Dialog, z. B. jemanden zu einer Handlung überreden)
▶ Diskurs (im Sinne eines problem-orientierten Gesprächs, z. B. Gespräch über eine politische Krise – ohne freilich den Fremdsprachenunterricht der Sekundarstufe I für tragfähig zu halten, den Höhenflug eines „Diskurses" im Sinne von Habermas nachvollziehen zu können).

Wenn es sich um *geschriebene* Sprache handelt, dann werden wir es hier mit Gebrauchstexten zu tun haben, denen der Leser Informationen entnehmen will, über die er noch nicht verfügt und mit deren Hilfe er anschließend irgendetwas tun will. (Berücksichtigen das unsere narrativen und informativen Lehrwerktexte wirklich?)

Das *zweite* Modell sieht Kommunikation als Erzeugung und Austausch von *Bedeutungen*. Hier konzentrieren sich die Fragestellungen darauf, wie *Texte* mit Lesern in Interaktion treten, damit Bedeutung geschaffen wird. Textproduktion und Textlesen werden als parallele Vorgänge gesehen, der Leser wird gleichsam zum „co-author". Dekodieren bedeutet hier gerade nicht, der „message" jene Bedeutung zu entnehmen, die der „Sender" darin verschlüsselt (enkodiert) hat. Dekodieren eines fiktionalen oder problemorientierten Textes heißt jetzt, den Inhalt zunächst sprachlich aufzuarbeiten (für den Fremdsprachenunterricht besonders relevant) und dann das dort Gelesene in unsere eigenen Begriffe und Gedanken, in unsere Erfahrungen mit der Welt (also in unsere Kultur) einzuarbeiten; in diesem Prozeß verleihen *wir* dem Text Bedeutung. „Meaning" wird hier nicht dekodiert, sondern von uns wiedererschaffen. Hier geht es also darum, *wie* Texte gelesen werden und dieser Aspekt gehört ebenso zu dem, was wir unter „KOKO" verstehen. Auch dafür muß der Fremdsprachenunterricht der Sekundarstufe I vorbereiten. In diesem Rahmen, so glauben wir, kann der Englischunterricht der Sekundarstufe I seinem speziellen pädagogischen Auftrag gerecht werden, ohne daß das dialektische Verhältnis zwischen Theorie des Fremdsprachenunterrichts und seinen Bezugswissenschaften einseitig von außen beeinflußt würde.[2]

---

[2] Grundsatzfragen der neusprachlichen Didaktik. In: Der fremdsprachliche Unterricht, Heft 3, 1975, Jahrgang 9

1. Schüleroperationen im Ablauf eines Unterrichtszyklus

Wenn wir die Operationen, die vom *Lernenden* durchgeführt werden sollen, differenzieren wollen, ergeben sich folgende Stufen[3]:

1.1 Die Stufe der Kognition („cognitive abilities"):

Was sollen die Lernenden auf dieser Stufe im FU tun? Es handelt sich hier weitgehend um Tätigkeiten während der Sprachaufnahmephase. Die Lernenden sollen den neuen Text dekodieren und interpretieren, sie sollen fähig sein, einfache Informationen, die sie aufgenommen haben, zu reproduzieren.
Was beinhaltet das im einzelnen?
Die Lernenden „verstehen" einen Text, d. h. die Informationen, die der Text bietet, werden zu Bewußtseinsinhalten gemacht. Dabei sind gewisse, wenn auch noch recht bescheidene Erkenntnisse der Psycholinguistik für uns von Interesse. Wenn sich auch die Versuche der Psycholinguistik[4] auf muttersprachliches Material beschränken, so können wir — da die *Operationen* dieselben sind — annehmen, daß ein gewisser Transfer auf den Fremdsprachenerwerb gestattet ist. Diese Versuche haben bislang gezeigt:
Das schnelle oder verlangsamte Verstehen eines Satzes ist nicht nur von seiner *syntaktischen Form* abhängig, sondern ebenso von dem *Kontext*, in dem er gebracht wird; d. h. es sind z. B. negative Sätze nicht von vornherein schwieriger als affirmative; wenn der Kontext (context of situation) uns entsprechend für negative Sätze prädisponiert, „begreifen" wir diese ebenso schnell wie bejahende Sätze. „Schwierig" beim Verstehen und Reproduzieren ist also *nicht* in erster Linie die syntaktische Form; der Erfolg dieser Operation hängt primär davon ab, ob wir — im Falle der negativen Sätze — das von der Psycholinguistik erarbeitete Prinzip der „plausibility of denial" berücksichtigen. Das bedeutet: nn
Kontext — z. B. „What people don't do on Sundays" — uns auf negative Sätze vorbereitet (= plausible denial), sind diese Strukturen nicht schwieriger zu verstehen und zu reproduzieren als bejahende Sätze.
Dasselbe gilt z. B. auch für Passivsätze. „Schwierig" zu verstehen und zu reproduzieren sind Passivsätze wie „The dog is chased by the cat", weil der Satz „reversibel" ist, d. h. man könnte auch erwarten: „The dog chases the cat". Dagegen werden Passivsätze ebenso „leicht" verstanden und reproduziert, wenn sie *nicht* reversibel sind, wie z. B. „The leaves are raked up by the boy", weil die Umkehrung semantisch nicht erwartet wird: „*The leaves are raking up the

---
3 vgl. dazu: König, E./Riedel, H. (2. Aufl. 1971), S. 80 und Guilford, J. P. (1959)
4 vgl. dazu: Slobin, Dan I. (1974)

boy." Interessant ist dabei die Rolle des Bildes: wenn es als Gedächtnisstütze verwendet wird, erleichtern jene Bilder die Produktion von Aktivsätzen, die die handelnde Person zeigen; umgekehrt erleichtern jene Bilder die Erinnerung und Reproduktion von Passivsätzen, die die Objekte (z. B. die Blätter am Boden) der Handlung aufzeigen.

Dies bedeutet für unsere Unterrichtsplanung: es ist nicht so sehr allein die *syntaktische* Progression entscheidend für das Verstehen und für die Reproduktion von Sätzen, als vielmehr die *richtige Einbettung* in einen *Situationskontext*. Oder anders formuliert: eine richtige pragmalinguistische Progression kann vermeintlich „schwierige" Satzbaumuster entschärfen.

Zu der kogneszierenden Operation gehört — wie im Vorhergehenden schon angedeutet wurde — (weil ja sowohl vom Verstehen wie vom Reproduzieren die Rede war) — auch das Erinnern. Diese Operation beinhaltet nach König und Riedel[1] (1971) ein Ins-Bewußtseinrufen einer erst *vor kurzem* gelernten Bedeutung, es geht hier also um die Leistung des *Kurzzeitgedächtnisses*. Uns interessiert hier vor allem, wie die Sätze und Sprechäußerungsmuster klassifiziert werden können, wenn wir feststellen sollen, ob bestimmte Sätze als anspruchsvoll oder einfach für die *Gedächtnisleistung* zu bezeichnen sind.

Wiederum müssen wir darauf verweisen, daß die hier relevanten Versuchsergebnisse der Psycholinguistik sich ausschließlich auf die Gedächtnisleistung anhand muttersprachlichen Materials beziehen. Wie schon früher erwähnt, muß zugegeben werden, daß die Transponierung dieser Ergebnisse auf Gedächtnisleistungen mit fremdsprachlichem Material mit einiger Vorsicht geschieht, wenngleich wir auch hier eine gewisse Transfermöglichkeit annehmen, weil die Operation dieselbe ist.

Zunächst verweist die Psycholinguistik auf die Tatsache, daß für das Behalten von Sätzen im Gedächtnis sowohl die syntaktischen Strukturen wie auch die Bedeutung von entscheidender Wichtigkeit sind. Wir können davon ausgehen, daß das effektiver in Erinnerung behalten wird, was eindeutig und klar von unseren Schülern verstanden wurde. Der Erfolg des Prozesses der Semantisierung beeinflußt also die Erinnerungsqualität und den Erinnerungszeitraum.

Zum zweiten kann die Psycholinguistik die Tatsache beweisen, daß sprachliche Form und Inhalt *unabhängig* voneinander gespeichert werden. Dies wurde u. a. auch von Dodson[5] nachgewiesen; es ist möglich, daß Schüler Sätze *reproduzieren* (z. B. beim Pattern Practice), nicht aber produzieren, ohne sich noch zu erinnern, was diese Sätze aussagen. Dies impliziert, daß wir bei solchen Substitutionsübungen immer dafür Sorge tragen müssen, daß *Inhalt und Form* reproduziert werden (z. B. durch Zeigen auf Symbolzeichnungen bei einem Substitution Drill, wodurch die Lernenden sich erinnern, wovon hier gesprochen wird).

---

5 Dodson, C. J. (1967)

Zum dritten haben die Versuche von Miller und Isard[6] gezeigt, daß die Gedächtnisspanne für Sätze weniger durch die Zahl der Wörter in einem Satz als vielmehr durch die *Komplexität der grammatischen Struktur* des Satzes bestimmt wird. Das müßte z. B. für das Erlernen von Dialogen bedeuten: lieber eine etwas längere Äußerung lernen lassen, als eine Sprechäußerung, die zwar kürzer, aber dafür strukturell komplexer ist.

Ebenso hat die Psycholinguistik nachgewiesen, daß im Kurzzeitgedächtnis eine gewisse Rangfolge beim Erinnern von Strukturen und Wörtern besteht: je *komplexer die Struktur* war, desto *weniger Wörter* wurden behalten. Dies untermauert die schon seit langem übliche Praxis, daß neuer Wortschatz in bekannten Strukturen eingeführt werden soll.

Ein Versuch von Savin und Perchonock[7] hat ergeben, daß es bei der grammatischen Komplexität eine nachweisbare Rangordnung im Hinblick auf die Leistungsfähigkeit des Kurzzeitgedächtnisses gibt. Je komplexer die Struktur wurde, desto stärker nahm die Kapazität des Kurzzeitgedächtnisses für das Behalten von Wörtern ab.

Während bei der einfachsten Struktur (Aktiv — deklarativ) noch im Durchschnitt 5,27 Wörter behalten wurden, sank die Zahl auf 3,48 bei der anspruchsvollsten Struktur (verneintes Passiv). Dan I. Slobin[8] gibt das Versuchsergebnis wie folgt wieder:

Satztyp	Beispiel	Zahl der erinnerten Wörter im Durchschnitt
Aktiv deklarativ	The boy has hit the ball.	5,27
Wh-Frage	What has the boy hit?	4,78
Frage Passiv	Has the boy hit the ball?	4,67
	The ball has been hit by the boy.	4,55
Verneinung	The boy has not hit the ball.	4,44
Verneinte Frage	Has the boy not hit the ball?	4,39
Emphasesatz	The boy has hit the ball.	4,30
Verneintes Passiv	The ball has not been hit by the boy.	3,48
Passiv-Frage	Has the ball been hit by the boy?	4,02
Verneinte Passiv-Frage	Has the ball not been hit by the boy?	3,85
Emphatisches Passiv	The ball has been hit by the boy.	3,74

Dieser starke Leistungsabfall der Kapazität des Kurzzeitgedächtnisses (der „echo-box", wie es der amerikanische Psychologe Miller einmal treffend genannt hat) ist erklärlich, weil bei der mündlichen Sprachübermittlung das Kurzzeitgedächtnis beim Dekodieren unter enormem Zeitdruck arbeitet; erst vom Langzeit-

---

6 Miller, G. A./Isard, S. (1964)
7 Savin, H. B./Perchonock, E. (1965), pp. 348—353
8 Slobin, Dan I. (1974), S. 36

gedächtnis werden ohne „Zeitdruck" die Tiefenstruktur und die semantische Interpretation abgeleitet. Wir müssen also dafür sorgen, daß die *wiederholende Darbietung* bei der akustischen Sprachaufnahme eingeplant wird. Das kann bei einem erzählenden Text so gemacht werden, daß z. B. zuerst der Lehrer, dann das Tonband den neuen Text darbietet. Beim Dialog, der am besten natürlich gleich durch das Tonband dargeboten wird, kann eine wiederholende Darbietung dadurch motiviert werden, indem wir vor der zweiten Darbietung bestimmte Detailfragen stellen und somit durch eine neue Problemstellung ein genaueres Zuhören sicherstellen.

1.2 Die Stufe der produzierenden Operationen

Hier geht es um das, was Guilford (1959) *„productive"* und *„evaluative* abilities" nannte. Diese Operationen, die von den Lernenden im FU auszuführen sind, bestimmen und umschließen die Phasen der Sprachverarbeitung und Sprachanwendung. Nach Guilford gehören dazu folgende vier „productive abilities":

1.2.1 Die Operation des Speicherns von Informationen:

Nachdem wir uns das Engrammieren von neuen Spuren im Langzeitgedächtnis primär so vorzustellen haben, daß das Neugelernte in bereits vorhandene Spurensysteme eingefügt wird, rechnet Guilford diese Operation bereits den „productive abilities" zu.
Im FU werden wir durch Einübung, Wiederholung, Verknüpfung und Erweiterung *dafür sorgen müssen,*

- ▶ daß *neugelernte Wörter* sich im Klang- und Schriftbild festigen und von ähnlichen Wörtern, sei es nach Form oder Inhalt diskriminiert werden (z. B. „concept-teaching" → wieweit geht der englische Begriff von „car", wodurch unterscheidet er sich u. a. vom deutschen Begriff „Auto"?); daß Kollokationen mit diesem neuen Wort assoziierend gespeichert werden;
- ▶ daß *neugelernte Strukturen* von bereits bekannten abgegrenzt, bzw. mit ähnlichen verknüpft werden; daß bestimmte Signalwörter (s. Bd. 1, S. 64 und 65) und die Äquivalenz (vgl. Bd. 1, S. 121 Fußnote) von Situationen (z. B. die des Sprechens über einen Zustand, der schon vor dem Sprechzeitpunkt begann und bis jetzt andauert → Present Perfect) mit dieser neuen Struktur zusammen gespeichert werden. Wir müssen also dafür sorgen, daß das neugelernte Sprachmaterial im Sinne des regelgeleiteten Sprachhandelns geordnet wird. (→ Generalisierung von sprachlichem Verhalten muß gespeichert werden.)

▶ daß für bestimmte kommunikative Bedürfnisse im Langzeitgedächtnis entsprechende *kommunikative Fähigkeiten gespeichert* werden.

1.2.2 Die Operationen aufgrund von konvergenten Fähigkeiten:

Unter „*convergent abilities*" wird lernpsychologisch die Fähigkeit verstanden, anhand bestimmter Informationen (Regeln u. a.), eine richtige Antwort abzuleiten. Im FU bedeutet „convergent abilities" jenes Sprechhandeln, das sich aufgrund von Gewöhnung und Kenntnis von *internalisierten Regeln* (vgl. Bd. 1, S. 111—113) vollzieht und sich im richtigen Anordnen und Anwenden von gelerntem Material manifestiert. Wenn also z. B. der Schüler eine Rolle in einem Dialog in ihrer Bedeutung erkannt und sein Sprachverhalten im Gespräch mit dem Partner analog der Vorlage richtig entwickelt, so fällt diese Operation im FU unter die „convergent abilities"; dazu gehört beim Pattern Practice und bei ähnlichen Drills auch die Produktion von Sätzen, die dem Muster adäquat nachgeformt werden.

1.2.3 Die Operationen aufgrund von divergierenden Fähigkeiten:

„*Divergent abilities*" befähigen den Lernenden u. a. die Abfolge eines gelernten Verhaltens zu *variieren;* im FU müssen wir erreichen, daß wir durch besondere Übungen (vgl. u. a. den Abschnitt „Dialog" 5.2.5 oder „guided writing" 3.5.5) den Lernenden in die Lage versetzen, gelerntes sprachliches Verhalten gemäß neuen Bedürfnissen abzuändern und langsam in die Stufe des kreativen Sprachverhaltens überzuführen. Der Schüler muß hier Varianten für bestimmte Sprechhandlungsstrategien entwickeln können. Es geht also um die Phasen „Transfer" und „Kommunikation", wie wir das im Band 1 auf S. 121 beschrieben haben. Bei dieser Operation werden sich die Fähigkeiten der Lernenden am stärksten unterscheiden.

1.2.4 Die Operation des Auswertens:

Die „*evaluative abilities*" werden im FU besonders in der Sprachanwendungsphase entwickelt. Nach Guilford soll der Lernende hier in die Lage versetzt werden, zu entscheiden, ob das, was er alles produzieren kann, für einen bestimmten Fall passend, treffend oder angemessen ist. Im FU geht es also darum, daß der Lernende Neugelerntes nicht nur bei ähnlichen Sprechanlässen anwenden kann, sondern daß er *auch* durch trial-and-error learning befähigt wird zu entscheiden, welche von den Varianten, die er für ein bestimmtes Anliegen verbalisieren kann, in dieser speziellen Situation anzuwenden ist. Hier kommen jene Lückentexte zur Anwendung, bei denen der Lernende entscheiden muß, welche von mehreren lexikalischen, bzw. strukturellen Lösungsmöglichkeiten für einen bestimmten „social event" vorzuziehen ist.

Diese Taxonomie von Operationen stellt natürlich nur eines von mehreren Modellen dar. Es sollte aber sichergestellt werden, daß wir auch im FU im Mittelpunkt des geplanten Unterrichtsprozesses den operierenden Schüler sehen. Es sollte daran erinnert werden, daß der FU nicht nur Stoffvermittlung ist, sondern darüber hinaus für die systematische Steigerung der Operationsfähigkeit im Sprachverhalten der Lernenden zu sorgen hat. Die Planung eines solchen Lernprozesses wird also sorgfältig vom Lehrer initiiert werden müssen. Auf der Sekundarstufe I kann dabei der Fremdsprachenunterricht insoweit „emanzipatorisch" angelegt sein, daß der Lehrer die Zusammenhänge von Zielen und Verfahrensweisen den Lernenden aufzeigt und begründet; ein pädagogisch sinnvoller Unterricht kann auch gegenseitige Kritik miteinschließen; ein Diskurs über Ziele und Arbeitsformen jedoch im Sinne einer falsch verstandenen „Mitbestimmung" ist auf dieser Stufe abzulehnen, weil er beim Lernenden ein Maß an Verantwortung und Reife voraussetzt, das dieser erst zu entwickeln hat.
Im Folgenden wollen wir die Phasen für eine solche Unterrichtsstrategie vorstellen.

2. Die didaktische Analyse

Die didaktische Analyse soll aufzeigen, welche *Ziele* ich *mit* welchen *Lerninhalten* im Verlauf des Lernprozesses erreichen will; sie sollte verhindern, daß das Unterrichten als reiner „trial and error"-Prozeß aufgefaßt wird; die Unterrichtstheorie darf nicht vergessen, daß an den geplanten Sequenzen auch *Schüler* beteiligt sind; mit Recht stellen deshalb König und Riedel[9] fest: „Ihretwegen müssen Planungen *vor* der Realisierung und nicht *durch* Realisierung geprüft werden können. Diese Prüfung darf sich nicht darauf beschränken, ob alle den Unterricht konstituierenden Momente[10] beschrieben wurden. Sie muß vielmehr feststellen können, ob der so geplante Unterricht bewirken kann, was er bewirken soll."

2.1 Die Beschreibung der Ziele eines Unterrichtszyklus

Nachdem wir im ersten Band „kommunikative Kompetenz" bereits eingehend als hypothetischen Begriff vorgestellt haben, sollen hier nur noch ein paar Anmerkungen dazu gemacht werden: wir verstehen darunter die Fähigkeit, unter den jeweils gegebenen sozialen und psychologischen Umständen einfachere oder komplexere Sprechakte ausführen zu können, d. h. entwede eine Mitteilungsabsicht sprachlich angemessen zu realisieren oder darauf entsprechend zu reagieren. Zu Beginn eines Lernzyklus wird dieses Realisieren und Reagieren durch bestimmte Beispiele determiniert sein, d. h. der Lernende erwirbt eine stark *gesteuerte Rollenkompetenz;* später sollte dieses Einüben von Sprechakten und Rollen (kommunikatives Performanztraining) variiert werden, bis es den Lernenden zum spontanen Sprechhandeln befähigt.

Kommunikative Kompetenz ist aber nicht nur im Sinne des Modells „Sender → Botschaft (message) → Empfänger" relevant; sie ist ebenso von „übertagender Bedeutung für die Entschlüsselung von gehörten oder gelesenen Texten und die Einarbeitung der dort gewonnenen Information in unsere begriffliche und kulturelle Welt.

2.2 Die Progression der Lernziele

Dabei erweist es sich als Hilfe, daß das Sprechhandeln in sich schon eine Progression aufweisen kann: Absichten kundtun (Handlungsaspekt der Sprache),

---

9 König, E./Riedel, H. (1974), S. 100
10 vgl. Band 1, S. 129

einfache Beziehungen herstellen (Beziehungsaspekt) und elementare Inhalte erfragen bzw. feststellen können (Inhaltsaspekt) können von stark ritualisiertem zu relativ freiem Sprachverhalten fortschreiten. Gegen Ende der Sekundarstufe I sollte die kommunikative Kompetenz den Lernenden zum *Diskurs* befähigen; der Sprecher hat dann Diskurstüchtigkeit erreicht, wenn er sein und anderer Leute Verhalten problematisieren kann, wenn er sein Denken, seine Wertvorstellungen und das seiner Umwelt kommentieren und reflektieren kann. In ähnlicher Weise zusammenfassend könnte man festhalten, daß sich die Progression von sprachlichen „behavioural needs" im Verlauf der Sekundarstufe I entwickelt von: „What we *do* trough language" → „What we *report* by means of language[11]."

Damit wird der oft viel zu früh einsetzende Schwerpunkt auf das *digitale Informationselement*[12] (= begriffliches Element des Kommunikationsaktes) hinausgeschoben und im Anfangsunterricht das *analoge Informationselement* (= emotionale und attitüdinale Elemente des Sprechaktes) betont. Dies bringt dem Lehrer bei der Unterrichtsplanung allerdings erhebliche Mehrarbeit: es geht jetzt nicht *vorab* um Verständnisfragen, sondern es müssen Sprechanlässe simuliert werden, damit es zum *Sprechhandeln* kommen kann. Dies zieht aber auch noch eine *linguistische* Erschwernis nach sich: Texte mit digitalem Schwerpunkt sind im Hinblick auf ihre phonetische Anforderung leichter als solche mit analogem Schwerpunkt. Hier sind vor allem die Ansprüche im prosodischen Bereich besonders hoch[13].

Analog dazu wird sich die schriftliche Form der Kommunikation während der Sekundarstufe I entwickeln vom Abfassen von einfachen Texten (mit Schwerpunkt auf dem Beziehungs- und Handlungsaspekt) zum Schreiben von Texten, die den Schwerpunkt auf den inhaltlichen oder diskursiven Aspekt setzen.

Die Progression, wie wir sie oben skizziert haben, und der offensichtliche Primat des Mündlichen entsprechen am ehesten den Bedürfnissen der Lernenden der Sekundarstufe I.

2.3 Die Anforderungen an die Inhalte eines Unterrichtszyklus und die Relation zwischen den Inhalten und den „Functions of language"

Damit unsere Unterrichtsplanung zu einer solchen Sprechtüchtigkeit führen kann, müssen neben den Zielen auch *die Inhalte* (= sprachlichen Elemente) *neu überdacht werden*.

---

11 Zitat von David Wilkins, zitiert in „Where do we go from here?" by L. G. Alexander. In: ELT, Jan. 76, p. 100
12 Daß die meisten Stunden in ihrer didaktischen Analyse beim digitalen Informationselement ihren Schwerpunkt haben, erklärt sich aus der Tatsache, daß sich Texte leichter durch „reporting" als durch „doing" verwerten lassen.
13 vgl. Hüllen, W. (1976), S. 135

Die sprachlichen Ausdrucksmittel, über die der Gesprächspartner verfügen muß, um einen „social event" (= Sprechakte) zu meistern, müssen:
- ▶ linguistisch akzeptabel sein —
- ▶ seiner Sprechabsicht (= verbal purpose) entsprechend in Wortketten umgesetzt sein —
- ▶ rollenadäquat sein (richtige Auswahl der Register, vgl. Band 1, S. 14) und
- ▶ situationsgerecht (= appropriate) sein —
- ▶ und handlungsbezogen sein (Welche Wirkung soll der Redeakt haben?).

Keineswegs darf unser Lernzyklus — so wie dies in der Praxis leider noch recht häufig geschieht — sich *nur* auf die Einübung der verbalen Ausdrucksmittel im Sinne von konvergierenden Operationen beschränken; auf der anderen Seite darf sich der Lernzyklus nicht zu hastig auf relativ freies Sprechhandeln zubewegen, weil sonst die Verständlichkeit (= comprehensibility) der sprachlichen Äußerungen in Frage gestellt wird.

Ob die für einen Lernzyklus geplanten Ziele (= sprachliche Fähigkeiten und Fertigkeiten) wirklich für die mündliche oder schriftliche Kommunikation im Sinne eines pragmalinguistischen Unterrichts zu vertreten sind, läßt sich dadurch nachprüfen, daß wir uns fragen: sind *diese Fähigkeiten und die sprachlichen Elemente* (= Lerninhalte), die wir dafür brauchen, *aus den Funktionen der Sprache abzuleiten?*

Die Untersuchung des niederländischen Linguisten J. A. van Ek[14] zeigt folgende sechs Hauptkategorien von Sprachfunktionen auf, die für die verbale Kommunikation einen groben Raster abgeben:

„1. imparting and seeking factual information;
2. expressing and finding out intellectual attitudes;
3. expressing and finding out emotional attitudes;
4. expressing and finding out moral attitudes;
5. getting things done (suasion);
6. socialising."

Natürlich wird unser Unterrichtsmaterial nicht ausschließlich nur eine dieser Kategorien behandeln können, weile Sprechakte meist mehrere dieser Kategorien umschließen. Es wird aber — weil wir es ja bei jedem Lernprozeß mit einer Reduktion von Schwierigkeiten zu tun haben — sinnvoll sein, innerhalb dieses Rasters Schwerpunkte zu setzen.

van Ek betont darüber hinaus „... it is unlikely that it is possible at all to draw up a complete list" (a. a. O., S. 19).

Eine etwas ausführlichere Liste, die bereits z. T. über den „threshold level" hinausgeht, bieten Antony Adams und John Pearce[15] an:

---

14 van Ek, J. A. (1975), S. 19
15 Adams, A./Pearce, J. (1974), S. 76

„1. For getting things done (the ‚instrumental' function).
2. For getting people to act as one wishes (‚regulatory').
3. For getting on with people and groups (‚interactional').
4. For expressing, discovering, or defining one's identity (‚personal').
5. For finding things out (‚heuristic').
6. For inventing, pretending, making fantasies (‚imaginative').
7. For conveying information and describing reality (‚representational')."

2.4 Zur Frage der Kontextualisierbarkeit der Inhalte

Die *Inhalte,* d. h. die sprachlichen Elemente — der zweite Bestandteil der didaktischen Analyse — müssen also so beschaffen sein, daß die Lernenden damit auf einfache oder mehr elaborierte Weise ihre kommunikativen Anliegen verwirklichen können. Wenn sprachliches Material so ausgewählt wird, kann man annehmen, daß es sich um Äußerungen handeln wird, die tatsächlich von Sprechern in Sprechakten gebraucht werden — d. h. daß sie *kontextualisierbar* sind.
Wenn aber ein neueres Lehrwerk z. B. den Satz einübt: „The butcher sells meat, but he doesn't sell ice-cream", dann liegt jedoch offensichtlich eine Äußerung vor, die in Wirklichkeit kaum kontextualisierbar ist; zwar wird hier ein kommunikatives Grobziel gelehrt — nämlich Einschränkungen zu machen —, aber in keinem wirklichen „context of situation" (vgl. Bd. 1, S. 60) wird diese Information von jemandem verlangt werden, der mit dem westlichen Kulturkreis vertraut ist. Setze ich dafür das Beispiel: „I like ice-cream, but I don't like strawberry flavour", so wird unser Grobziel mit einer kontextualisierbaren Äußerung eingeübt.
Wir sind uns freilich darüber im klaren, daß die Frage nach der Kontextualisierbarkeit von sprachlichen Äußerungen in der Praxis häufig genug in Kollision gerät mit dem pädagogischen Bemühen, bestimmtes Sprachmaterial — Lexis und Strukturen — einzuüben und zu festigen.
So wurde z. B. in einem Lehrbuch für die Hauptschule eine Situation eingeführt, in der der Vater nach seinen Autoschlüsseln suchte. Der Vater traktierte dabei seine Familie wie ein Pascha mit lauter Imperativsätzen:
„Mummy, fetch my coat and my warm scarf, please. Tom, put that white box under the seat in the car. Look under that newspaper.
Mummy, look in the cupboard and in your handbag."
Solche Sprechäußerungsmuster sind für englische Ohren — abgesehen von dem kaum gebräuchlichen Vokativ „Mummy" — höchst ungewöhnlich für eine solche Situation; die Imperativsätze sind zwar „leicht" im Sinne einer linguistisch-pädagogischen Progression, aber sie sind kaum kontextualisierbar, weil sie zu unhöflich klingen. Und warum sollte schließlich ein Sprechäußerungsmuster wie: „Could you look in your bag, please?" so viel schwieriger sein? Man wird eben

die Form „could" als *lexikalische Einheit* (im Sinne eines „ungraded item") hier bringen, ohne sofort eine analytische Einführung in die Feinheiten des „Conditional I" zu offerieren.

Auf der anderen Seite sei zugegeben, daß wir in den ersten Jahren des FU bei der Kontextualisierung aus Gründen einer pädagogischen Gradation manches aus der genuinen Sprachwirklichkeit weglassen müssen; ebenso müssen wir das zu lernende Sprachverhalten „konzentrierter" in den „context of situation" einlassen, weil das Sprachlernen in der Schule eben ein künstlicher Prozeß ist. Es muß das, was gelernt werden soll — auch auf Kosten einer gewissen Echtheit des „Social event" — deutlich und intensiv im Text „umgewälzt" werden. Wir befürworten also einen eklektischen Ansatz, der weder einer *reinen* strukturellen noch einer reinen funktionalen Progression den Vorzug gibt.

Aus derselben Sicht heraus stellt H. V. George[16] sehr realistisch fest: „It is true that speech learned in association with a non-linguistic context can be associationally recalled and duplicated when the context is duplicated; but it is also true that perception of the paradigmatic relations — essential for perception of the code which underlies such speech — depends not on contextualization but on *de*contextualisation of the speech."

Man kann also auch hier — wie so oft im Unterrichtsprozeß — des Guten zuviel tun; George kommt zu dem Schluß: „It is a mistake to think that contextualization aids language learning directly. It can provide, to some extent, motivation for language learning, inasmuch as language in real life is used in contexts and the learner can imagine the teacher-contrived contexts to be ‚real'" (a. a. O., S. 145).

2.5 Die Differenzierungsmöglichkeiten bei den Lerninhalten

Die eben hier angeführte Frage nach dem, was sprachlich leicht, bzw. schwer ist, müßte bei der didaktischen Analyse zu Überlegungen führen, die uns helfen, bestimmte *Differenzierungsmaßnahmen* durchzuführen. Wir müssen uns also fragen: Welche sprachlichen Elemente sind aufgrund welcher Kriterien komplex oder einfach?

Ein Äußerungsmuster kann als *komplex* angesehen werden:

a) weil die *sprachliche Form* (z. B. Fragesatz) nicht mit der *Sprachfunktion* (das, was der Sprecher mit seiner Äußerung tatsächlich will) übereinstimmt: z. B. Now, we don't want to park here, do we? („gemeint" ist die Aufforderung: Park somewhere else!);

---

16 George, H. V. (1972), S. 144

b) weil die linguistische Form (meist die syntaktische Anordnung) relativ schwierig ist: z. B. „Your work leaves much to be desired" gegenüber der simplen Äußerung „Your work is not good enough";
c) weil die Wort- und Satzstrukturen im Sinne der kontrastiven Linguistik in der L_2 schwieriger sind als in der L_1: z. B. „I was given it" vs. „It was a present"; Hier freilich sei nur kurz angedeutet, daß nicht bloße Ähnlichkeit bzw. Unähnlichkeit der Strukturen der L_1 vs. L_2 bereits Lernvereinfachung bzw. Lernschwierigkeiten ergibt. George gibt dazu einen beachtenswerten Kommentar: „It is usual to speak of ‚mother-tongue pull' to explain such ‚errors', but mother tongues pull only where they can pull. Where the foreign language is more efficient than the mother tongue, the pull of the mother tongue is weak or absent. The German learner does not transfer his mother tongue noun genders to English or attempt to decline the English definite or indefinite articles" (a. a. O., S. 14).
d) weil die *Satzperzeption* psycholinguistisch schwierig ist: z. B. ist ein Passivsatz dann schwieriger als ein Aktivsatz, wenn die Actor-Object Relation umdrehbar ist wie bei dem bereits aufgeführten Satz: „The dog is chased by the cat (möglich auch: „The dog chases the cat");
e) weil die *Sprecherhaltung* (= elaborierte Sprechweise) dem Lernenden schon im Blick auf seine kommunikative Kompetenz in der L_1 ungewohnt ist.: z. B. „You don't mind if I park here, do you?" vs. „Can I park here?"

Dies alles bedeutet für die Planung einer Unterrichtseinheit im Blick auf die *Lerninhalte:*

▶ daß wir bei den Lerninhalten differenzieren müssen, nach komplexeren oder weniger elaborierten Äußerungsmustern; im Sinne der Binnendifferenzierung erwarten wir zunächst von allen Schülern nur den Erwerb des Fundamentums;
▶ daß wir bestimmte komplexere Äußerungsmuster nicht als „productive skill", sondern nur als „receptive skill" lehren werden;
▶ daß wir komplexere Äußerungsmuster — wenn sie nicht vermeidbar sind — als lexikalische Einheiten rein formelhaft lehren, ohne dazu grammatische Erklärungen anzubieten;
▶ daß wir bei einer „re-cycling progression" ja später Gelegenheit haben werden, eine solche Einheit dann auch analytisch zu erklären; eine *lineare* Progression könnte jedoch niemals bereits in den ersten Jahren des FU zu einem kommunikativen Sprachunterricht führen.

2.6 Lerninhalte und der „context of situation"

Schließlich gehört zur Erläuterung der Lerninhalte auch die Kenntnis, *wo* diese Sprachelemente auftreten; wir müssen also bei unserer Planung dafür sorgen, daß die *Situation* (im Firthian'schen Sinne des „context of situation") in ihren Einzelelementen den Lernenden verständlich und seinem Erfahrungsbereich adäquat und zugänglich ist.

Welches sind nun die konstitutiven Elemente eines „context of situation"? Wir ziehen dazu wieder die Untersuchung von van Ek zu Rate. Dort heißt es „We shall henceforward, distinguish four components of situations:

1. the *social roles* which the learner will be able to play;
2. the *psychological roles* which the learner will be able to play;
3. the *settings* in which the learner will be able to use the foreign language;
4. the topics which the learner will be able to deal with in the foreign language" (a. a. O., S. 10).

Dies bedeutet: der Lehrer muß, meist wohl durch Bild, Film oder Tafelskizze dafür sorgen, daß die Lerngruppe genau erkennt:

a) wo spielt sich der „social event" ab → Frage nach dem „setting";
b) um welche social roles geht es dabei:
   z. B. sprechen hier
   Freunde zu Freunden —
   Fremde zu Fremden —
   eine private Person zu einem Beamten, etc.;
c) welche psychologischen Rollen werden zunächst vorgegeben (die freilich später im Lernzyklus variiert werden können und sollten):
   z. B. geht es um Rollenverhalten, die geprägt werden von:
   Neutralität —
   Rollengleichheit —
   Sympathie —
   Antipathie etc.;
d) um welches „topic" (manchmal auch „specific notion" genannt) geht es primär im „social event":
   Z. B. um house and home / trade, profession / travel / relation with other people / shopping, etc. (vgl. dazu van Ek, a. a. O., S. 14–16).

Je schwächer die Lerngruppe ist, desto klarer und plastischer muß diese Einführung in den „social event" erfolgen; dann erst beginnen wir z. B. mit dem Anhören eines Dialogs durch das Tonband. Da Lernmotivation und Lernerfolg gerade in der Hauptschule *entscheidend* von dieser Phase der Planung abhängen, muß ausnahmsweise hier evtl. die Muttersprache im Anfangsunterricht zu einem knappen Kommentar herangezogen werden.

2.7 Die Progression der sprachlichen „skills"

Zum Abschluß der didaktischen Analyse müssen wir noch kurz die *Progression der sprachlichen Fertigkeiten* („skills", vgl. Bd. 1, S. 13) untersuchen: wenn wir uns an den „behavioural needs" der Lernenden orientieren, so wird sich die Progression so darstellen: Hören → Sprechen → Lesen → Schreiben. Diese Rangfolge sollte auch vor allem im *Anfangsunterricht* aus *methodischen* Gründen (Vermeidung von Interferenzen durch das Schriftbild u. a.) für die einzelnen Stundenabläufe beibehalten werden. Wenn wir uns aber bei der Progression des „skill catalogue" nach dem richten, was unsere Lernenden aufgrund ihrer Möglichkeiten eher realisieren können, so müßte die Stufung so aussehen: an erster Stelle stehen jetzt die *rezeptiven* Fertigkeiten, nämlich das Hör- und Leseverstehen, dann erst folgen als produktive Fähigkeiten das Sprechen und Schreiben. Denn unsere didaktische Analyse muß in ihrer Planung auch berücksichtigen, daß Sprechen und schriftliches Stellungnehmen immer voraussetzen, daß der Inhalt verstanden, geistig verarbeitet und eingeordnet ist. Aufgrund dieser Überlegung können wir festhalten, daß es nicht angeht, aus der Abfolge der recht komplexen Grundfertigkeiten Hören — Sprechen — Lesen — Schreiben ein unumstößliches Dogma für die *gesamte* Sekundarstufe I zu machen; jenseits des Anfangsunterrichts kann es Gründe geben, die uns veranlassen werden, die obige Abfolge umzuändern. Diesen Problemkreis werden wir im Abschnitt 5 genauer untersuchen.

Wenn wir diese Gesichtspunkte bei der didaktischen Analyse der Ziele und Lerninhalte berücksichtigen, wird sie dazu beitragen, daß das Endverhalten des Lernenden folgendes miteinschließt:

a) er kann *neue* „behavioural needs" auf Englisch ausdrücken;
b) er kann dabei *neue* Strukturen und Sprechäußerungsmuster anwenden;
c) er ist zu solchem Sprechhandeln aufgrund von Kenntnissen befähigt.

Um das alles sicherzustellen, müssen wir jedoch für die Planungsarbeit noch die methodische Analyse genauer untersuchen.

3. Die methodische Analyse

Die methodische Analyse soll uns bei der Gestaltung eines Unterrichtszyklus helfen, indem wir uns Klarheit verschaffen über

- ▶ den Umfang und die zeitliche Aufteilung einer Unterrichtseinheit —
- ▶ die Wahl der Unterrichtsverfahren —
- ▶ die Unterrichtssprache —
- ▶ den Einsatz der Unterrichtsmedien.

3.1 Die Abgrenzung des Unterrichtszyklus

Die Konzeption einer Unterrichtseinheit wird — wie wir im 1. Band (vgl. S. 35 und S. 128) bereits aufgezeigt haben — immer zyklisch sein. Die wesentlichsten Sequenzen eines solchen Unterrichtszyklus sind die verschiedenen Übungsphasen. Zur besseren Überschaubarkeit gehen wir bei der Planung der methodischen Analyse von dem Ansatz aus, daß der gesamte Zyklus sich in drei Phasen einteilen läßt.

Wie wir jedoch bereits in den Vorerwägungen angedeutet haben, ist jedwelche Auf- und Unterteilung des dynamischen Vorgangs des Unterrichtens eine etwas fiktive Hilfskonstruktion; dies gilt auch für die hier postulierte Einteilung in drei Phasen, deren Grenzen im eigentlichen Unterrichtsgeschehen natürlich fließend sind.

3.1.1 Die Zeit für die Sprachaufnahmephase

Die erste Artikulationsstufe umschließt die Darbietung des Textes und dessen globales Verstehen; wir bezeichnen sie als *Sprachaufnahmephase*. Für die Sekundarstufe I wird im Anfangsunterricht in der Regel eine Unterrichtsstunde anzusetzen sein; im allgemeinen können wir erst nach dem zweiten Lernjahr davon ausgehen, daß die Zahl der neuen Wörter und die der neuen Elemente aus dem System der Grammatik soweit abgenommen haben, daß wir hierfür vielleicht nicht mehr eine ganze Unterrichtsstunde benötigen.

3.1.2 Die Zeit für die Sprachverarbeitungsphase

Im Anschluß daran folgen variierende Übungsphasen mit Schwerpunkt auf Phonetik, Lexis oder Grammatik; diese Artikulationsstufe wird heute allgemein als *Sprachverarbeitungsphase* bezeichnet. Läßt sich hier auch keine exakte Zeiteinheit als verbindlich vorschreiben, weil der Umfang der durchzunehmenden Unit von Lehrbuch zu Lehrbuch schwankt, so ist jedoch für einen groben Zeitraster mit zwei bis drei Unterrichtsstunden zu rechnen.

3.1.3 Die Zeit für die Sprachanwendungsphase

Daran schließt sich die Artikulationsstufe an, die durch gelenktes Sprechen und Schreiben und durch Abwandlung des sprachlichen Materials langsam zum freien Umgang mit dem neuen Stoff führt. Diese Stufe können wir als *Sprachanwendungsphase* bezeichnen. In unserem Grobraster sollten wir hierfür nochmals ungefähr zwei bis drei Unterrichtsstunden veranschlagen.
Obwohl wir uns bei dem Problemkreis der zeitlichen Abgrenzung nur sehr allgemein festlegen können, sollten sich freilich folgende Einsichten herauskristallisieren:

▶ den größten Zeitraum beansprucht im Fremdsprachenunterricht die Phase der Einübung und Anwendung;
▶ der Erfolg unserer Lehrstrategie hängt von der detaillierten Planung und Gestaltung jeder einzelnen Übungsphase ab;
▶ je weniger differenziert unsere Lerngruppe ist (z. B. Englischunterricht an Gesamtschulen), desto komplizierter wird die Planungsarbeit des Lehrers für die Sprachverarbeitungs- und die Sprechanwendungsphase: bis *alle* Lernenden die Lernziele eines Unterrichtszyklus erreicht haben, müssen die schneller Lernenden in zusätzlichen und fordernden Übungsphasen beschäftigt werden[17]; dabei werden ihnen eine Reihe von Addita angeboten, die jedoch für die Gesamtgruppe später *nicht* als Fundamentum erscheinen dürfen (denn damit hätte man ihnen ja einen Vorsprung vor den anderen eingeräumt). Während diese Lerngruppe also durch Zusatzaufgaben beschäftigt wird, muß der Lehrer für die langsamer Lernenden eine *intensivere* Übungsphase einplanen. Nach unseren Beobachtungen müssen wir freilich einräumen, daß eine solche flexible Differenzierung (die mit *allen* Schülern dieselben Lernziele mit unterschiedlich komplexen Lerninhalten verwirklichen will) spätestens nach den ersten beiden Lernjahren im Englischunterricht aufgegeben werden muß, weil dann diese Strategie nicht mehr für *alle* Lernenden durchzuhalten ist; daraus müssen wir folgern:
a) für den Studierenden einer Fachdidaktik einer Fremdsprache ist neben dem sicherlich recht nützlichen wöchentlichen Praktikumsvormittag unbedingt ein *Blockpraktikum* zu fordern, damit er die zeitliche Abfolge dieser Artikulationsphasen als Einheit beobachten und erleben kann;
b) für den Anfänger im Unterrichten ist es wichtig, den zeitlichen Umfang eines solchen Lernzyklus nicht zu stark zu straffen. Gerade der junge Kollege unterschätzt die Schwierigkeiten beim Einüben und Anwenden, weil er sich nur schwer in die Rolle dessen versetzen kann, der diese Fertigkeiten und Fähigkeiten in der englischen Sprache erst erwerben muß;

---

17 vgl. dazu: Keim, W. (Hrsg.) (1973), SS. 227—236

c) die Lernfreude können wir nur dann erhalten, wenn wir weder durch eine zeitliche Übereilung noch durch ein zu langsames Vorangehen den Sprachunterricht zur Plage werden lassen. Gerade weil der moderne Sprachunterricht in seiner Progression nicht linear, sondern zyklisch ist, darf das Tempo so angeschlagen werden, daß der Lernende bald zu *greifbaren* Ergebnissen gelangt. Er soll das Gelernte in sinnvollen Zusammenhängen anwenden können, damit er erfährt, daß er mit dieser neuen Sprache etwas tun kann (Prinzip des „immediate surrender value"[18]). Da unsere Unterrichtsplanung so angelegt ist, daß wir später z. B. bei anderen Bezugsfeldern einen bestimmten Wortschatz nochmals aufs neue umwälzen oder bei einem zweiten Durchgang der englischen Zeiten eine bestimmte Sprechäußerung (z. B. „I'd like to + V" beim Erörtern des Conditional) *nochmals* analytisch besprechen, muß fürs erste nicht alles bis in die letzte Einzelheit analysiert und kategorial durchgenommen werden.

3.1.4 Kriterien für den Abschluß eines Lernzyklus

Wann ist nun ein Unterrichtszyklus erfolgreich abgeschlossen? Wir können — etwas summarisch an dieser Stelle — von Abschluß sprechen,

▶ wenn der gesamte neue gelernte *Wortschatz* beim Hören und beim Lesen verstanden, d. h. wiedererkannt wird (sog. „rezeptiver" Wortschatz); wenn dem Lernenden neue Lexis in abgewandelten Situationen selber zur Verfügung steht, d. h. wenn er die neuen Wörter aus dem Langzeitgedächtnis abrufen und anwenden kann (und zwar jeweils nur *den* Anteil des Gesamtwortschatzes, den der Lehrer für diese Lerngruppe als „produktiven" Wortschatz fordert); wenn der Schüler die neue Lexis (einschließlich evtl. Begriffsdifferenzierungen, vgl. Band 1, S. 81) mit früher gelernten Wörtern kombinieren kann (d. h. richtige Kollokationen bilden kann); wenn er weiß, an welchen Stellen im englischen Satz diese neuen Wörter vorkommen können; wenn er auch orthographisch diesen Wortschatz einigermaßen fehlerfrei anwenden kann;
▶ wenn er die neuen Elemente der *Grammatik* so durch Einsicht und Übung erworben hat, daß die formale Produktion[19] unbewußt ablaufen kann (d. h. daß also das sprachliche Regelverhalten „internalisiert" wurde);
▶ wenn er mit Hilfe der neuen Elemente der Grammatik und der Lexis neue

---

18 vgl. dazu Gutschow, H. (Hrsg.) (1974), S. 33
19 Natürlich könnte man bei lernschwächeren Gruppen auch hier nach rezeptiv, bzw. produktiv differenzieren. So kann es z. B. bei einer bestimmten Gruppe ausreichen, wenn die Continuous Form des Passivs nur verstanden wird, ohne daß diese Form in obigem Sinne auch aktiv gemeistert wird.

kommunikative Fähigkeiten als Feinziele dieser Unterrichtseinheit ausdrücken kann. bzw. auf diese Bedürfnisse bei seinem Partner eingehen kann; wenn er auswählen kann, in welchen Situationen bestimmte Formen (Register) besonders passend (= appropriate) sind; wenn er bei den Äußerungen, die auf ihn zukommen (sei es mündlich oder schriftlich) unterscheiden kann, um welche Register es sich handelt und was mit dieser sprachlichen Mitteilung bei ihm bewirkt werden soll. Je lernbegabter eine Gruppe ist, desto größer wird hier der Reichtum an sprachlichen Nuancen anzusetzen sein.

Wenn der Lernende diese drei Phasen (Erwerb der Wortsemantik → Satzsemantik → Situationssemantik[20]) erfolgreich durchlaufen hat, kann man für die Sekundarstufe I den Abschluß eines Lernzyklus ansetzen.
Entscheidend ist immer, daß nach jeder Unterrichtseinheit aufgrund von Gewohnheiten, Fähigkeiten und Einsichten ein neues *sprachliches Verhalten* sichtbar und überprüfbar wird. Dann ist das Ziel erreicht. Van Eks Definition davon sei an dieser Stelle zur Unterstützung unserer These angeführt: „Language-learning objectives, like other learning-objectives, are defined in terms of *behaviour*. The aim of learning is always to enable the learner to *do* something which he could not do at the beginning of the learning-process" (a. a. O., S. 4).
Das Kriterium ist also nicht Wissen oder reine formale Beherrschung, sondern die Fähigkeit, mit der Sprache etwas zu *tun;* begründet ist diese Sprachsicht dadurch, daß wir davon ausgehen, daß die kleinste Einheit der sprachlichen Kommunikation der *Sprechakt* ist.
John R. Searle[21] schreibt dazu: „Die Grundeinheit der sprachlichen Kommunikation ist nicht, wie allgemein angenommen wurde, das Symbol, das Wort oder der Satz oder auch das Symbol-, Wort- oder Satzzeichen, sondern die Produktion oder Hervorbringung des Symbols oder Wortes oder Satzes im Vollzug des Sprechaktes ... Sprechakte ... sind die grundlegenden oder kleinsten Einheiten der sprachlichen Kommunikation."
Eine Theorie der Sprache ist nach Searle also eine Handlungstheorie. Dies muß sich natürlich auch auf jede Art von Sprachunterricht auswirken. Searle schreibt dazu: „Gegen diesen Ansatz könnte eingewendet werden, daß mit ihm nur der Schnittpunkt der Gegenstandsbereiche einer Sprachtheorie und einer Handlungstheorie erfaßt werde. Darauf würde ich antworten, daß eine Sprachtheorie, wenn meine Konzeption der Sprache richtig ist, Teil einer Handlungstheorie ist, und zwar einfach deshalb, weil Sprechen eine regelgeleitete Form des Verhaltens ist. Als regelgeleitet weist das Sprechen formale Züge auf, die eine selbständige

---

20 Es ist offensichtlich, daß eine bestimmte „Situationssemantik" erst gemeistert ist, wenn der „context of situation" verstanden ist, und der Lernende dabei agieren kann; dazu müssen natürlich bestimmte Erkenntnisse auf dem Gebiet der Landeskunde vermittelt werden. Diese Einblicke in soziokulturelle Eigenheiten und Gegebenheiten des „context of situation" könnte man als soziokulturelle Teilkompetenz ansprechen.
21 Searle, J. R. (dt. Übers. 1973), S. 30

Untersuchung zulassen. ... Über die Sprache läßt sich vieles sagen, ohne daß man Sprechakte untersucht, aber jede solche rein formale Theorie ist notwendigerweise unvollständig. Das wäre so, als ob man das Baseballspiel untersuchte und es nur als formales System von Regeln, und nicht als Spiel begriffe" (a. a. O., S. 31).

Man vergleiche im Gegensatz dazu noch Lados[22] recht formale Definition vom Lernen einer Sprache, wenn er, teilweise seinen Kollegen C. C. Fries zitierend, feststellt: „Only after much practice of the same ‚patterns' with diverse content do the patterns themselves become ‚productively automatic'. When the student has reached this level of achievement, within a satisfactorily useful but definitely limited range of vocabulary items, he has ‚learned the language'."

3.2 Die Wahl der Unterrichtsverfahren

Hier gilt es nun für die drei Artikulationsphasen des Lernzyklus zu klären:

▶ Was wird am entsprechenden didaktischen Ort geübt?
▶ Wie wird es geübt?

Zunächst einige prinzipielle Überlegungen.

3.2.1 Grundsätzliche Gedanken für die Übungsverfahren

Grundsätzlich sollten alle Übungsverfahren *hierarchisch* angeordnet sein; das bedeutet: in der *Sprachverarbeitungsphase* geht es darum, daß die neuen sprachlichen Elemente auch wirklich gelernt werden. Hier werden also „Practice Drills" vorherrschen, die sicherstellen, daß neue Lexis und neue grammatische Elemente intensiv geübt werden, ohne allerdings in die gefährliche Langeweile eines „overlearning" zu geraten, die den Lernenden nur „step-wise and leap-foolish" machen (vgl. Band 1, u. a. S. 44/45, wo wir die Nachteile eines reinen „learning by rote" bzw. eines „learning by means of word position in the sentence" verwiesen haben). Ebenso haben wir mit Absicht von einer *gefährlichen* Langeweile beim „overlearning" gesprochen, weil diese Art des sprachlichen Übens den Lernenden nicht flexibel genug macht zum Abwandeln und Transferieren des Gelernten. Wilga M. Rivers[23] schreibt dazu: „In this way, Tolman's theory supports the notion that it is necessary to give the student practice in using foreign-language phrases successfully in a variety of situations, but it also warns the foreign-language teacher against placing too much reliance on practice as a method of building up habits. According to Tolman, continued practice after a response has been learned tends to fixate this particular response, making it

---

22 Lado, R. (1964) p. 94
23 Rivers, W. M. (1964), S. 66

harder for the individual to vary it on future occasion. In view of the fact that in most languages there is a variety of possible ways of expressing any one thing, too much „overlearning", as advocated by the audio-lingual sources, may fixate stereotyped responses and make it harder for the student, at a more advanced level, to develop flexibility in handling synonymous phrases and parallel constructions."

In der *Sprachanwendungsphase* wird die Übungsphase gekennzeichnet sein durch „*generative Drills*", die sicherstellen, daß jetzt die L_2 als Mittel zur mündlichen oder schriftlichen Kommunikation verwendet werden kann. Das impliziert,

- ▶ daß „*Practice Drills*" in der Sprachverarbeitungsphase das Bewußtsein der Lernenden auf die *Form* der Sprache lenkten (hier wird also ein grammatisches Problem geübt; vgl. dazu das Beispiel in Band 1, S. 79);
- ▶ daß jetzt „*Generative Drills*" (die gewiß *nichts* mit der Generativen Transformationsgrammatik zu tun haben) das Bewußtsein der Lernenden auf den *Inhalt* seiner Aussage lenken.

Diese „Generative Drills" können einmal lediglich dazu dienen, die „fluency" von neuen Äußerungen einzuüben. Hierzu ein Beispiel, das wir aus K. Metholds[24] Buch „English Conversation Practice" entnehmen:

Paul,		Helen
Mary,	you must meet	John.
Susan,	I want you to meet	Eve.
Peter,	do come and meet	Mrs. Jones.
Mr. Smith,	come and meet	Mary Brown.

Sie können u. a. aber auch dazu dienen, daß Sprechäußerungen in mehreren Registern nach einem Muster durchgeübt werden. Hierzu ein Beispiel: nehmen wir an, die Schüler sollen das Grobziel meistern, in der L_2 einen Wunsch äußern zu können. Es werden anhand des nachfolgenden Rasters mehrere Feinziele eingeübt:

Can I have	
I'd like to have	
Could I have	my breakfast a little earlier
I wonder if I could have	
Do you think I could possibly have	

---

24 Methold, K. (1975)

Je nach dem „topic", das durchgeübt wird, wird der Lehrer Wünsche für die rechte Spalte vorgeben können.
Nach den Beobachtungen des Autors leidet mancher Sprachunterricht in unseren Schulen daran, daß die erste Übungskategorie (d. h. Practice Drills) zu einseitig vertreten ist.
Ebenso muß grundsätzlich gefordert werden, daß in einem Sprachunterricht, der kommunikativ orientiert ist, neben den produktiven auch die *rezeptiven* Fertigkeiten geübt und *bewertet* werden.
„Listening-Comprehension Exercises" sollen das sinnentnehmende Hören üben und den Erfolg dabei anerkennen. *„Reading Comprehension Exercises"* sollen das sinnentnehmende Lesen auf gleiche Weise berücksichtigen. Beide Fertigkeiten müssen für den Kommunikationsprozeß entsprechend intensiv geübt werden. Auch hier wird nach Beobachtung des Autors im Unterricht manchmal so getan, als erledigten sich die rezeptiven Fähigkeiten von selbst.
Abschließend muß im Sinne dieser grundsätzlichen Vorüberlegungen noch kritisch vermerkt werden, daß alle Übungen in der Sekundarstufe I sich den kommunikativen Lernzielen des Unterrichtszyklus unterordnen müssen; keine Übung ist um ihrer selbst willen da, jede bereitet auf bestimmte kommunikative Feinziele vor. Dabei sollten während der *gesamten Sekundarstufe I* Dialoge *abwechselnd* mit narrativen Texten angeboten werden. Nur so können wir in den Übungsphasen sicherstellen, daß *beide* Funktionen der Sprache

▶ what we can do through language —
▶ what we can report by means of language —

entsprechend berücksichtigt werden. Die Praxis hat bislang oft gezeigt, daß gegen Ende der Sekundarstufe I der Dialog zu kurz kam (wobei wir später — vgl. Abschnitt 5.2.3 — noch der Frage nachzugehen haben, welche Kriterien überhaupt für einen Dialog im Fremdsprachenunterricht aufzustellen sind und wie die methodische Auswertung des Dialogs erfolgen kann).
Andererseits halten wir es ebensowenig für sinnvoll (weil den Funktionen der Sprache nicht entsprechend), daß im Anfangsunterricht der Sekundarstufe I der Dialog (bzw. der Brief als „written counterpart" dazu) zu einseitig als Textart verwendet wird; ist dies der Fall, so werden Dialoge sozusagen „zweckentfremdet" und das „reporting by means of language" wird auch auf diese Textart ausgedehnt, indem das Frageschema „who did what where?" ebenso für Dialoge benutzt wird.
Nach diesen grundsätzlichen Überlegungen wollen wir nun die Unterrichtsverfahren für die drei Artikulationsstufen des Englischunterrichts in der Sekundarstufe I im einzelnen darstellen.

3.3 Die Sprachaufnahmephase

Was müssen wir bei der Sprachaufnahmephase im Blick auf die methodische Analyse berücksichtigen?
Ehe wir einen neuen Text darbieten — der hoffentlich klare Feinziele erkennen läßt, die im Text mit genügend Beispielen belegt sind — müssen wir uns überlegen, welche Vorarbeit hinsichtlich der neuen Lexis und der neuen grammatischen Elemente zu leisten ist.

3.3.1 Die einführende Vorstufe für die Darbietung

Besonders im Anfangsunterricht können wir auf die einführende *Vorstufe der Darbietung* nur selten verzichten. Das eigentliche Problem ist hier jedoch, wie wir das Wichtigste an neuer Lexis situativ so darbieten können, ohne daß wir deshalb gleich den ganzen neuen Text vorweg erzählen und damit die Motivation fürs Zuhören bei der eigentlichen Darbietung zerstören. Hier bietet sich meist als Ausweg das Bild (Tafelskizze, Haftbild) an, das gerade im Anfangsunterricht für die Vorstufe der Darbietung eine große Hilfe sein kann.
Im weiteren Verlauf der Sekundarstufe I kann bei lernstärkeren Gruppen diese Vorstufe immer knapper gehalten werden. Jetzt können hier vielleicht nur einige *„Headings"* an der Tafel erscheinen, die bestimmte Situationen signalisieren und die uns Gelegenheit geben, ein kurzes vorbereitendes Unterrichtsgespräch zu führen, das die nötige Lexis vorstellt und vielleicht noch ein bestimmtes grammatisches Element vorbereitend erklärt. Unter Umständen kann auch die zyklische Progression unseres Unterrichts dafür gesorgt haben, daß z. B. bestimmte neue Elemente der Grammatik bislang *unanalysiert* und *antizipatorisch* den Lernenden als lexikalische Einheiten längst vertraut sind; auf diese können wir jetzt exemplarisch verweisen.
Unterrichten wir jedoch eine lernschwächere Gruppe, so wird meist für die *gesamte* Sekundarstufe I zu gelten haben, daß wir im Sinne einer *methodischen Differenzierung* diese Vorstufe weiterhin beibehalten.
Ziel dieser Vorstufe ist es nicht, neue Lexis oder Grammatik zu *üben,* sondern diese Erscheinungen nur insoweit zu besprechen, daß wir das *Verstehen* des neuen Textes vorbereitend erleichtern.
Ebenfalls als Maßnahme einer methodischen Differenzierung kann es bei schwächeren Lerngruppen ratsam sein, in der ersten Darbietungsphase den Text zu verkürzen und zu vereinfachen.

3.3.2 Die Behandlung der Lexis

Wie wir bereits angedeutet haben, ist es keineswegs sinnvoll, den gesamten Wortschatz im einführenden Gespräch umzuwälzen. Es genügt, wenn die wich-

tigsten Wörter, die die Lernenden zum Verständnis des Textes brauchen (sog. „key-words"), vorgestellt und semantisiert werden.
Für die übrig gebliebenen Wörter ergibt sich folgende Skala:

- ▶ einige Wörter können aus dem Kontext erschlossen werden (wichtig für das Einüben kombinatorischer Fähigkeiten);
- ▶ einige Wörter, die nur „additional informational value" haben, werden erst *nach* der ersten Darbietung semantisiert;
- ▶ einige Wörter können vielleicht *während* der ersten Darbietung durch Umschreibung erläutert werden;
- ▶ einige Wörter sind vielleicht nur zum Verständnis einer bestimmten Situation in unserem Text notwendig; sie haben allerdings sonst einen so niedrigen Häufigkeitswert, daß wir sie nur erläuternd streifen (evtl. die deutsche Bedeutung an die Tafel schreiben, wenn wir keine synonyme Entsprechung im Englischen dafür zur Verfügung haben).

Bei aller behutsamen Einführung in die Situation des Textes dürfen wir nicht in den Fehler verfallen, alles und jedes vorbereitend erklären zu wollen; damit würden wir einer falschen Erwartenshaltung Vorschub leisten, die in der Sprachwirklichkeit, wo die L_2 sozusagen „ungefiltert" auf uns zukommt, nur zu Frustrationserlebnissen führen müßte.

3.3.3 Die situative Einführung und Darbietung

Die eigentliche Sprachaufnahme wird meist mit einer kurzen *Erläuterung über* die *Personen,* die *Zeit* und den *Ort* der Handlung beginnen. Dann erfolgt die Darbietung des Textes. Handelt es sich um einen narrativen Text, so kann der Lehrer selbst zuerst die Geschichte erzählen. Seine Mimik und seine Gesten können ihm helfen, wenn er an den Gesichtern seiner Zuhörer ablesen kann, daß diese Schwierigkeiten beim Verstehen einer Textstelle haben. Ebenso kann hier im Anfangsunterricht die Bilderabfolge (picture-strip) als Hilfe zum Verständnis herangezogen werden.

Handelt es sich um einen Dialog, so wird hier in den meisten Fällen der Lehrer in seinem stimmlichen Variationsvermögen überfordert sein; nun ist es besser, sofort das Tonband einzusetzen.

Ehe dann die zweite Darbietung (des evtl. jetzt abgerundeten Textes) erfolgt, kann es sich als sinnvoll erweisen, ein *erneutes* Zuhören dadurch *zu motivieren,* daß wir zuvor die Lernenden mit einer bestimmten Problemstellung konfrontieren.

Hierzu einige Vorschläge:

- ▶ wir stellen 2 oder 3 allgemeine Fragen zum Text (evtl. in Auswahlantwortform); sie werden dann nach dem 2. Durchgang von den Schülern beantwortet;

- ▶ wir geben einige „headings" für die Geschichte; die Schüler sollen nachher die beste auswählen;
- ▶ wir lassen verschiedene Bilder zur Geschichte richtig anordnen;
- ▶ wir veranlassen die Zuhörer, auf ein bestimmtes prosodisches Phänomen an einer bestimmten Stelle des Dialogs zu achten (z. B. Intonation/Rhythmus);
- ▶ wir fordern auf, bei reaktiven Dialogen (vgl. 5.2.5) herauszufinden, welche Personen welche Rollen übernommen haben;
- ▶ wir bitten die Zuhörer, evtl. ein oder zwei „key-words" aus dem Dialog herauszufinden, die die Problematik des Textes repräsentativ zusammenfassen (evtl. lassen wir bei lernschwächeren Schülern diese „key-words" aus einer vorgegebenen Auswahl herausfinden).

Dann erst gehen wir zur zweiten Darbietung über, die jetzt durch das Tonband (evtl. als Ersatz: Schallplatte) erfolgen sollte.

Nach dieser zweiten Darbietung ist die Phase der Sprachaufnahme keineswegs abgeschlossen. Es muß nun sichergestellt werden:

1. daß die Lernenden die Sinnentnahme wirklich erfolgreich durchgeführt haben;
2. daß die Lernenden im Kurzzeitgedächtnis über das Wesentliche des neuen Textes so verfügen, daß sie zum „reproductive speaking" befähigt sind, wobei wir unter „reproduction" hier nur Sprechäußerungen verstehen, die weitgehend im Text vorgegeben sind oder die im Sinne von Alternativfragen leicht mit Hilfe des Textes zu beantworten sind. Erst im weiteren Verlauf der Sekundarstufe I kann bei lernstärkeren Gruppen an dieser Stelle nicht nur das *Thema* des Textes, sondern auch ein *Kommentar* zum Text durch die Impulse und Fragen des Lehrers evoziert werden.

3.3.4 Die Lernzielkontrolle für die Aufnahmephase

Jetzt ist der Zeitpunkt gekommen, wo wir Farbe bekennen müssen, wie wir uns eigentlich die *Lernzielkontrolle* in dieser Phase vorstellen; wie können wir uns als Lehrende vergewissern, daß „the gist of the message" verstanden wurde?

Denn — soweit sind wir uns über die reinen „reproductive speaking skills" im klaren — sie allein verbürgen noch nicht, daß die Lernenden das Wesentliche wirklich verstanden haben.

Vor zwei Dingen sollte sich an dieser Stelle der Anfänger hüten:

- ▶ er sollte jetzt *nicht* auf die Übersetzung als Hilfsmittel der Verständniskontrolle zurückgreifen (vgl. Band 1, u. a. S. 78/79, S. 84 u. S. 89)
- ▶ er sollte jetzt noch nicht durch einen komplexen „Question & Answer Drill" das Verständnis überprüfen wollen, denn die Schülerantworten umschlössen dann ja *nicht nur* „receptive" skills", *sondern bereits* „productive skills"; diese sollen in den nächsten beiden Artikulationsstufen erst eingeübt werden. Nur

bei besonders lernstarken Gruppen kann auf der Sekundarstufe I bereits jetzt ein solches Schülerverhalten erwartet werden.

Welche anderen Mittel stehen uns zur Verfügung, wenn wir das Verständnis des Textes überprüfen wollen?

Ehe wir diese Frage beantworten, müssen wir allerdings an dieser Stelle erst einmal entscheiden, ob der Lehrer den neuen Text jetzt auch im Schriftbild bereits vorstellen soll. Im Sinne der *methodischen Differenzierung* stellt die Unterstützung durch das Schriftbild (hinsichtlich der möglichen Interferenz durch das Schriftbild, vgl. Bd. I, S. 32/33) eine Erleichterung dar, weil nun der *statische* Charakter dieses kommunikativen Bandes wie auch die Aktivierung *aller* Sinneseindrücke das Verstehen erleichtert; auf der anderen Seite kann man argumentieren, daß ein großer Teil aller Kommunikation in der L_2 in Wirklichkeit ohne den visuellen Support des Schriftbildes erfolgen wird. Im Sinne einer Gewöhnung an die Sprachwirklichkeit kann sich der Lehrer bei lernstärkeren Gruppen dafür entscheiden, das Schriftbild erst nach der Überprüfung des Hörverständnisses einzuführen. Natürlich spielt bei dieser Entscheidung auch die Textsorte eine Rolle. Bei narrativen Texten wird das Schriftbild in der Regel an dieser Stelle bereits vorzustellen sein.

Wenn wir sicherstellen wollen, daß jetzt *nur* das Verständnis (sei es reines Hörverständnis oder Hör- und Leseverständnis) überprüft wird, muß unsere Lernzielkontrolle einen *formativen* Test darstellen, d. h. sie muß wirklich nur diese Fähigkeit *allein* überprüfen (auch „discrete-point testing" genannt).

Welche Formen der Lernzielkontrolle bieten sich nun an?

▶ Für sehr lernschwache Gruppen muß die Möglichkeit eingeräumt werden, daß die Schüler eine kurze Zusammenfassung (*keine* Übersetzung, sondern nur eine Interpretation, vgl. Band I, S. 91) in der L_1 geben.
▶ Die Schüler können jetzt mit Hilfe von Haftbildern an der Flanelltafel ein entsprechendes Gesamtbild zum Text erstellen, sofern sich — und dies wird weitgehend nur im ersten Lernjahr möglich sein — der Text dafür eignet.
▶ Die Lernenden können ihr Verständnis dadurch zeigen, daß sie in einem „True/False/I don't know-Test" auf jede Äußerung des Lehrers über den Text entsprechend reagieren. Die Aussagen des Lehrers können sich auf ein Wandbild (Haftbild, Dia, Zeichnung) zur Situation des Textes beziehen, sie können aber auch unmittelbar auf die einzelnen Abschnitte des Textes Bezug nehmen. Im letzteren Fall können die Aussagen des Lehrers auch schriftlich vorgegeben werden. Will man im mündlichen Verfahren *alle* Schüler beteiligen, so müssen sie eine der drei entsprechenden Karten (T for true, F for false, U for unknown) hochheben.
▶ Ebenso ist es möglich, daß die Lerngruppe aus einer Bilderreihe (picture A, picture B, etc.) die semantisch richtige Reihenfolge für die dargebotenen Textabschnitte aufschreibt (No 1, No 2 etc.). (Also z. B.: No 1 = picture C; No 2 = picture A, etc.)

▶ Bei manchen Textsorten ist es möglich, das Verständnis dadurch zu überprüfen, daß der Lehrer bestimmte Tätigkeiten benennt (z. B.: Someone's driving a car — who is it? / Someone's walking along the footpath — who is it? etc.); die Schüler müssen jetzt herausfinden, *wer* diese Tätigkeiten ausführt.

▶ Ebenso kann ein „multiple choice test" das Verständnis überprüfen. Nur muß dafür gesorgt werden, daß die Distraktoren (= die falschen Aussagen) wirklich eine Auseinandersetzung mit dem Text implizieren. Die falschen Aussagen müssen also eine gewisse vermeintliche Richtigkeit suggerieren, indem sie entweder:

a) an den negativen Transfer zwischen $L_1 \rightarrow L_2$ (oder $L_2 \rightarrow L_3$) appellieren (sog. „interlingual distractor");

b) an den negativen Transfer zwischen Ähnlichem in der L_2 und dem eben Gelernten in der L_2 (= „intralingual distractor") appellieren;

c) vom *Kontext* („context distractor") her eine gewisse Wahrscheinlichkeit für sich in Anspruch nehmen;

d) oder, indem sie — was allerdings im Anfangsunterricht meist noch nicht möglich ist — einen Gedanken des Textes aufgreifen, ihn aber dann dadurch „pervertieren", daß Wörter wie only / generally / sometimes etc. eingeschoben werden (sog. „verbal distractors").

Natürlich lassen sich noch zusätzliche Kategorien von Distraktoren aufstellen; die obige Auswahl will nur als Anregung verstanden werden.

Wollen wir diesen Ansprüchen genügen, so müssen wir zugeben, daß das Multiple Choice Verfahren im *Anfangsunterricht* nur bedingt einsatzfähig ist.

▶ Je mehr bereits ein bestimmtes Fundamentum an Sprachfertigkeiten bei den Lernenden vorausgesetzt werden kann und je lernstärker die Gruppe ist, desto früher können wir als Verständniskontrolle die sog. „essay-type questions" (nach dem Raster: „Who did what when and where?") benutzen. Womit wir allerdings den Bereich der formativen Tests verlassen; denn jetzt müssen auch Strukturen, Orthographie bzw. Aussprache etc. als Fertigkeiten mit heran gezogen werden. Wir haben es hier also mit einer Testform zu tun, die wir zu den *„summativen Tests"* rechnen müssen, weil jetzt mehrere Fertigkeiten gleichzeitig überprüft werden (auch „integrative testing" genannt).

Gibt der Lehrer diese „essay-type questions" schriftlich vor und können sich die Lernenden ebenfalls schriftlich anhand des Textes dazu äußern, so stellt dies — im Gegensatz zum schnelleren Reagieren-Müssen im mündlichen Unterrichtsverfahren — eine Lernerleichterung dar.

▶ Bei einigen Texten ist es auch möglich, die wesentlichsten Informationen, die wir dem Text entnehmen können, nach folgendem Beispiel aufzugliedern und mit dem Arbeitsauftrag zu koppeln: Look at the two boxes below. Then join the two halves of the sentences. Draw an arrow with your pencil.

Mr. Brown wished	what to do.
Susan didn't know	to go to the seaside.
Fred wanted to stay home	why they all wanted to go somewhere else.
Mrs. Brown wondered	because he felt unwell.

All diese Formen der Verständniskontrolle stellen im allgemeinen eine Lernzielkontrolle, nicht eine Leistungsmessung dar. Der Lehrer wird also in der Regel die Verständniskontrolle als *Erfolgskontrolle* ansehen und dabei keine Benotung vornehmen; die Erfolgskontrolle ist hier ja auch ein geeignetes Mittel zur Motivation. Weil dies so ist, darf der Schüler an dieser Stelle auch eine entsprechende Fehlertoleranz im Hinblick auf Orthographie und Strukturen erwarten.

Natürlich erheben die Vorschläge zur Verständniskontrolle nicht Anspruch auf Vollständigkeit. Sie sollten nur als Leitfaden und als Anregung verstanden werden.

3.4 Die Sprachverarbeitungsphase

Was müssen wir nun bei der methodischen Analyse für die *Sprachverarbeitungsphase* bedenken?
Zunächst müssen wir uns fragen:
Was soll an diesem didaktischen Ort geübt werden?
Summarisch kann geantwortet werden: Einzelelemente aus Phonologie, Orthographie, Lexis und Grammatik sollen so geübt werden, daß sie nachher in der Anwendungsphase zu kommunikativen Übungen zur Verfügung stehen.
Wie soll geübt werden?
Wiederum können wir summarisch feststellen: die Übungsarten sollen die Lernenden veranlassen, daß sie neues sprachliches Material speichern, imitieren und meist im Sinne von „convergent-thinking abilities" handhaben.
Im einzelnen gilt es, folgendes zu beachten:
Unmittelbar im Anschluß an die Darbietung und an die Verständniskontrolle geht es darum, daß die Schüler das Klangbild zusammen mit den entsprechenden inhaltlichen Assoziationen einüben. Die neuen Äußerungen müssen aber *nur* so oft nachgesprochen werden (Chorsprechen[25], bzw. entsprechende Übungen im Sprachlabor), bis die phonologischen Elemente (Aussprache, Streß, Intonation) akzeptabel sind.

---

[25] vgl. dazu die kritische Würdigung des Chorsprechens bei Hilton, J. B. (1974), pp. 84—85

3.4.1 Das Speichern und die Frage des „Recall"

An dieser Stelle ist ein Hinweis für die *Operation der Speicherung* angebracht: wie die einschlägigen wissenschaftlichen Untersuchungen[26] erwiesen haben, müßte ein ideales „memory schedule" so angelegt sein, daß es von der Tatsache ausgeht, daß durch jede Wiederholung eines gelernten sprachlichen „item" (+ Bestätigung durch den Lehrer) die Zeitspanne, in der wir das Gelernte behalten können, größer und größer wird; dieses Wachstum ist exponential, d. h. wenn das *erste Wiederholungsintervall* (zwischen Darbietung und erstem „recall" ungefähr 5 Sekunden beträgt, dann müßte die 2. Wiederholung erst bei $5^2 = 25$ Sekunden kommen, die dritte nach $5^3 = 125$ Sekunden, die vierte nach $5^4 = 625$ Sekunden (= 10' 25"); die zehnte Wiederholung wäre — wenn diese exponentiale Relation stimmt (und die empirischen Versuche sprechen dafür) — erst nach $5^{10} = 9\,765\,625$ Sekunden fällig, d. h. erst nach ca. 113 Tagen oder ca. 4 Monaten. Die nächste Wiederholung müßte erst nach ca. einem Jahr erfolgen. Bei diesem „memory schedule" wurde das erste Intervall als die Zeitspanne angesetzt, die vergeht, bis die Wahrscheinlichkeit, mit der der Lernende das zu Erinnernde richtig wieder abrufen kann, auf ca. 60% absinkt.
Was bedeutet dies für die Praxis?
Einmal zeigt die Kurve, des „memory schedule", daß also die Zeitspanne, in der wir etwas mit ca. 60% Wahrscheinlichkeit richtig reproduzieren, mit dem Quadrat der Zeit wächst; das bedeutet, daß es *nicht nötig* ist, eine neue sprachliche Äußerung *mehrmals unmittelbar hintereinander* zu wiederholen, (es sei denn, dies wäre aus Gründen der Aussprache notwendig), weil damit dem Speichern kein Zuwachs zukommt.
Zum andern zeigt die Untersuchung von Pimsleur, daß die Wahrscheinlichkeit eines richtigen „response" dann wächst, wenn die Wiederholung der neuen sprachlichen Elemente in der Anfangsphase relativ intensiv ist, daß aber dann durch jede Wiederholung (plus Bestätigung durch den Lehrer) die Spanne des Erinnerns größer und größer wird; somit liegt die hauptsächliche Aktivität des Speicherns in der Phase der Sprachverarbeitung.
Zum dritten müssen wir dabei beachten, daß natürlich ein kurzes und der L_1 verwandtes Wort (z. B. arm, hand, hair) weniger „recalls" bedarf als ein längeres Wort oder eines, das keine Verwandtschaft mit der L_1 aufweist.
Im Hinblick auf die *Wortsemantik* sind nach unserer Erfahrung jene Wörter besonders intensiv durch „recalls" zu üben, bei denen der Schüler beim ersten Auftauchen mit der sog. „autonomen Bedeutungsverleihung" vorgeht, weil diese Wörter automatisch irrige „cross-associations" mit der L_1 hervorrufen (z. B. map, shellfish, brave).
Um schließlich die wünschenswerte Fähigkeit des „recall" über einen längeren Zeitraum zu garantieren, sind wir auf die Dauer nicht nur auf die Wiederho-

---

[26] vgl. dazu: Pimsleur, P. (1967), pp. 73—75

lungsstrategie des Lehrbuchs, sondern überhaupt auf die schriftliche Form der Kommunikation (z. B. zusätzliche Lesestoffe, Lektüre, Zeitungsausschnitte etc.) angewiesen, die den Schülern auch außerhalb der Unterrichtseinheit die Möglichkeit des „recall" eröffnet.

Wenngleich wir z. Z. das Speichern von phonologischen Einheiten und Lexis untersuchen, sei hier noch gleich ein Hinweis auf das Speichern von Strukturen erlaubt.

Wenn Strukturen vom *Kurzzeitgedächtnis* (nach den augenblicklichen Vorstellungen der Gehirnphysiologie zumindest ein teilweise elektrisch gesteuertes Zentrum, daher relativ „kurzlebig") ins *Langzeitgedächtnis* (nach den Vermutungen der Gehirnphysiologie ist hier das Steuerungssystem hingegen auf weniger kurzlebige Erscheinungen, vielmehr auf chemische Prozesse zurückzuführen) übertragen werden, so geschieht dies nach Millers[27] Hypothese so, daß ein Satz als semantische Information (in Form eines Kernsatzes) *und* als syntaktische Information (wahrscheinlich in Form von Transformationsbefehlen) gespeichert wird. Dieser Prozeß (sog. „recodieren") geht, wie jeder Übergang vom „short-term memory" ins „long-term memory" nur langsam vor sich und bewirkt unter Umständen eine Auslöschung von bereits gespeicherten Inhalten im Langzeitgedächtnis.

Für uns ist nun wichtig, daß es nach den Vorstellungen der Informationspsychologie möglich ist, daß *Sätze auch als reine syntaktische Informationen* gespeichert werden zusammen mit dem „Entwicklungsschema", wie aus der gespeicherten *Kurzformel* im Prozeß des Enkodierens (vgl. Band 1, S. 90 und 91) ein voller Satz wird. Aus dieser Perspektive wird man dem Pattern Practice (sofern er richtig durchgeführt wird) — trotz aller Gegenargumente in jüngster Zeit — seinen Wert belassen müssen.

Für uns ist weiterhin wichtig, daß das so Gespeicherte im Langzeitgedächtnis um so länger *behalten* wird, je mehr dieses Material mit *Verständnis gelernt* wurde (vgl. dazu Katona[28]).

Ebenso wissen wir, daß Material *um so weniger vergessen* wird (wobei Vergessen nicht als Verlust, sondern als mangelnde Abrufbarkeit zu definieren ist), *je bedeutsamer* das Erlernte für das Individuum ist (vgl. Carrol 1966), je intensiver man es gelernt hat, je *besser* das Gelernte *an relevante Situationen gebunden* wurde, und je *besser* es *strukturiert*[29] und organisiert wurde.

Hier wird unsere Forderung, daß neues sprachliches Material im „context of situation" zu lernen ist, nochmals lernpsychologisch unterstützt; dies gilt auch für unsere Forderung, daß das Neuzulernende im Text intensiv vorzukommen habe und daß die *Übungsphase* insofern als kognitive Dimension zu gestalten ist, als die Lernenden wissen sollen, *was* und *wozu* geübt wird (sozusagen eine

---

27 vgl. Miller, G. A. (1962), pp. 748—762
28 Katona, G. (1940)
29 vgl. Eppert, F. (1973), S. 304

„Dekontextualisierung", um das Exemplarische des zu lernenden Sprachverhaltens greifbar werden zu lassen). Kehren wir aber jetzt wieder zurück zu den anderen Phasen der Sprachverarbeitung.

3.4.2 Das Einüben der neuen phonologischen Elemente

Beim Einüben der neuen phonologischen Elemente stellt sich die Frage, inwieweit *das Lesen* (im Sinne des lauten Vorlesens) dabei eine geeignete Übungsform ist.

Wohlgemerkt: es wird nicht bestritten, daß das sinnentnehmende *Mitlesen* des neuen Textes auf seiten des Schülers (meist nach der ersten Darbietungsphase) eine notwendige *Vorstufe* ist, die zum sinnentnehmenden stillen Lesen des Schülers führen soll.

Inwieweit aber, so müssen wir uns fragen, führt lautes Vorlesen zur Erhöhung der Sprechfertigkeit?

Einmal besteht die Gefahr, daß der Zeit- und Arbeitsaufwand für richtiges lautes Vorlesen auf Kosten der Übungsphase für das Sprechen geht.

Zum anderen ist richtiges lautes Vorlesen keineswegs eine Garantie, daß die Textstelle verstanden wurde. Ebenso ist daran zu erinnern, daß das Vorleseverhalten *nicht identisch* ist mit dem Sprechverhalten, es kann — bestenfalls — nur als eine *Durchgangsphase* zum freien Sprechverhalten angesehen werden.

Durch das Vorlesen selbst wird primär nur gelernt, wie man vorliest; dabei ist es für das Leitziel unseres Englischunterrichts unerheblich, ob diese Fertigkeit beherrscht wird oder nicht.

Wenn wir trotzdem in den ersten Jahren dem Vorlesen einen gewissen Spielraum konzedieren, so geschieht das nur, um die richtige Assoziation zwischen Klang- und Schriftbild sicherzustellen und das Einüben von Streß, Rhythmus und Intonation zu ermöglichen.

Beim Dialog ist diese Durchgangsphase dann so anzulegen, daß sie schließlich durch das Verfahren: read → look up → speak abgelöst wird, wobei das Schriftbild nur noch als Gedächtnisstütze dient.

Besonders der junge Lehrer sollte das eben Gesagte beherzigen, weil unsere Lernenden gerade das Vorlesen besonders gerne und eifrig durchgeführt haben möchten.

3.4.3 Lernzielkontrollen für phonologische Elemente

Es drängt sich jetzt die Frage auf, *welche* anderen *Lernzielkontrollen* — neben dem Vorlesen und dem Nachsprechen von Dialogen — uns noch *zur Überprüfung der Aussprache* zur Verfügung stehen.

Im Rahmen dieses Buches[30] können wir nur *einige* Hinweise geben:

▶ Über das Tonband oder durch den Lehrer werden jeweils zwei Wörter vor-

---

30 vgl. dazu: Pynsent, R. B. (ed.) (1972) SS. 21—38 und Valette, R. (1972)

gesprochen, die sich nur in einem Laut (z. B. s vs, z) unterscheiden — oder nicht („minimal pair drill"):

z. B. 1. girls   boys
       2. cats   cups
       3. windows   desks

Die Schüler notieren neben die Zahl nur s (same) oder d (different).

▶ Der Minimal Pair Drill kann nicht nur für die Diskriminierung von Lauten, sondern auch für die von Intonationskonturen (z. B. „rising tune" vs. „falling tune") verwendet werden.

▶ „Pair Discrimination": Die Schüler müssen bei jedem Paar angeben, wo sie (beim ersten oder zweiten Wort) ein bestimmtes Phonem hören (z. B. /θ/ bei bathe vs. bath)

▶ „Triple Pair Drill": Die Schüler hören jeweils drei Wörter. Aufgabe: Wo hörst du denselben Laut zweimal? Sie hören: go, no, now. Sie schreiben: 1+2

▶ „Tick off the correct word": Die Schüler haben eine Liste von z. B. 25 Wörtern vor sich liegen. Der Lehrer spricht nacheinander (mit entsprechender Pause fürs Unterstreichen) 4 andere Wörter vor, die jeweils spezifische Phoneme enthalten: z. B.: /bɪt/kau/gəu/bi:/
Die Schüler unterstreichen in verschiedenen Farben immer die Wörter auf ihrer Liste, die den eben vorgelesenen Laut enthalten.

▶ „Find the odd man out": Die Schüler finden folgende Aufgabe vor (die nun das Schriftbild in Verbindung mit dem Klangbild bringt):

	A	B	C	D
1.	hook	trout	fair	least
2.	brook	now	pear	eel
3.	shoe	sow	near	break
4.	would	throw	care	meal

Die Schüler streichen bei Reihe A Nummer 3, bei Reihe B Nummer 4 etc. an.

▶ „Find the missing sound": Die Schüler müssen in einem Satz den fehlenden Laut suchen, sie benützen das Auswahlantwortverfahren:
z. B. He lit the fire with dry w____d.
choose from:

1	2	3	4
food	cut	load	understood

▶ „Find the right stress":

1 2 3   1 2 3
interesting   convenient

1 2 3 4
impossible

Die Schüler schreiben die Ziffer 4 in die Lücke.

Die Schüler sollen zeigen, daß sie den word-stress meistern. Die Aufgabe der Schüler ist es, die Zahl derjenigen Silbe (oder Silben) rechts neben das Wort zu schreiben, die den Hauptton trägt.
Auch diese Auflistung soll nur als erste Anregung dienen.

3.4.4 Das Einüben der Rechtschrift und Lernzielkontrollen

Während der Sprachverarbeitungsphase werden wir bei der methodischen Analyse auch die „Kehrseite" des phonologischen Systems, — die Beherrschung der *Orthographie* — zu berücksichtigen haben:
gerade im Englischen ist dies (auch für den „native speaker") ein schwieriger und langer Lernprozeß. Daher sollte man im Anfangsunterricht den Standard der „accuracy" nicht zu hoch ansetzen und dabei beachten, daß die *Mitteilungsfunktion* der geschriebenen Sprache wichtiger ist als die Orthographie.
Die Übungsformen hierfür werden nach der folgenden Progression anzuordnen sein:

a) Abschreibübungen, reines „copying", zum Einprägen von ungewohnten Folgen von Buchstaben und zum Einprägen des ganzen Wortbildes. Dann folgen Übungen mit dem overhead-projector[31]. Die Schüler sehen ein Wort oder eine Gruppe von Wörtern an der Wand (oder auch auf „flash-cards"), dann wird der visuelle Support entzogen; sie schreiben das Wort aus dem Gedächtnis nach, dann erscheint der visuelle Support wieder, evtl. Fehler werden sofort korrigiert.

b) Schriftliche Wiedergabe von ganzen Sätzen (z. B. durch substitution tables, sentence-switchboard, etc.)

c) das sog. „spot dictation" (= Lückendiktat: die Schüler erhalten einen Lückentext in *Kursivschrift*); der ganze Text wird vorgelesen, aber nur einige schwierige Wörter oder Buchstabenabfolgen in diesen Wörtern werden niedergeschrieben, d. h. in den Text eingesetzt.

d) Jetzt kommen Übungsfolgen, bei denen der Lernende die Antworten auf bestimmte Fragen niederschreibt. Ebenso können anhand eines Bildes bestimmte Wortfelder schriftlich zusammengestellt werden.

e) Erst nach dieser gründlichen Vorbereitung kann — sofern das noch immer als wünschenswert angesehen wird — bei lernstärkeren Gruppen das Diktat[32] eingesetzt werden.

Wir wollen jetzt zum nächsten Sprachsystem übergehen, für das wir bei der methodischen Analyse der Sprachverarbeitungsphase Übungsverfahren bereitstellen müssen.

---
31 Der Einsatz des Arbeitsprojektors im Fremdsprachenunterricht. Goethe-Institut München (1974)
32 Freudenstein, R. (1974), SS. 301—310

3.4.5 Das Einüben der Lexis und Lernzielkontrollen

Hier können wir auf die theoretische Fundierung der *einsprachigen Wortschatzvermittlung* im 1. Band (SS 84—87) verweisen. Wenn wir davon ausgehen, daß die Darbietungsphase die Semantisierung der neuen Lexis bereits durchgeführt hat[33], so gilt es nun, Übungsformen zu finden, die die neue Lexis festigen und einüben.

Es geht also darum zu überprüfen, ob die Semantisierung in der Darbietungsphase wirklich erfolgreich war, sie immanent zu wiederholen, und die neuen Lexeme in verschiedenen Kombinationen zu üben. Hier einige Beispiele für Übungs- und Überprüfungsmöglichkeiten, wobei wir vom rezeptiven zum produktiven Verhalten übergehen:

▶ der Schüler hört vom Lehrer/Tonband das Wort und zeigt auf den richtigen Gegenstand;
▶ oder er führt einen entsprechenden Auftrag aus;
▶ oder er zeichnet den Gegenstand oder die Handlung;
▶ er reagiert mit true/false Tafeln;
▶ er beantwortet Alternativfragen;
▶ er beantwortet Entscheidungsfragen;
▶ (ca. ab 7. Schuljahr) der Lehrer gibt „Synonyms" oder „Antonyms" für ein neugelerntes Wort vor", die Schüler müssen das entsprechende Wort im Text finden (paradigmatische Wortschatzübung);
▶ der Schüler bekommt einen kontextualisierten Lückentext, in den er den neuen Wortschatz bei den einzelnen „spots" einfügen muß;
▶ der Lehrer gibt die *Definition* der Wörter vor (meist erst ab 7. Schuljahr möglich), der Schüler nennt dann das entsprechende Wort;
▶ der Lehrer gibt das neue Wort vor, der Schüler bemüht sich um eine Definition oder Paraphrase; er zeigt damit, daß er die Wortsemantik beherrscht. Diese Übungsform ist allerdings relativ anspruchsvoll und daher für den Anfangsunterricht nicht geeignet.
▶ der Schüler stellt anhand einer Textvorlage ein Bezugsfeld her, z. B.

Fill the gaps with the fitting words — use the box below

	poultry	cattle	fish	furniture	shops
1.	_____	_____	_____	_____	_____
2.	_____	_____	_____	_____	_____
3.	_____	_____	_____	_____	_____

---

[33] Mittel zur einsprachigen Bedeutungsvermittlung: Vorzeigen — Vormachen — Bild — Erschließen aus dem Kontext — Definition — logischer Bezug (Schluß auf die 4. Größe: z. B. A man has a mouth. A bird has a *beak*) Nur wenn der Erfolg unsicher oder der Zeitaufwand für die einsprachige Semantisierung zu groß sein sollte, benützen wir die Übersetzung.

fishmonger's, ducks, salmon, bull, cabinet, pike, dairy-cows, sideboard, geese, cod, stool, florist, chemist's, hens, calves

▶ der Schüler wird aufgefordert, mit dem neuen Wort einen oder mehrere neue Sätze zu bilden. Es werden außerdem Wortverbindungen des neuen Lexems mit Adjektiven oder anderen Morphemen eingeübt (sog. „composition-exercises"), damit der sprachliche Prozeß zur Erweiterung des Lexembestandes angeregt wird.

▶ der Schüler bekommt eine Textvorlage (im Sinne einer „semantischen Matrix"). Er setzt ein Kreuz überall da, wo eine plausible Kombination möglich ist. Hier ein Beispiel für die syntagmatische Wortschatzübung aus dem Anfangsunterricht:

I'm going to	buy	eat	wear	catch	
					a coat
					a jar of honey
					a piece of cake
					fried eggs
					an umbrella
					a new sweater
					a fish

Nachdem wir Wortverbindungen der neuen Lexeme mit anderen eingeübt haben, können wir den Lernerfolg durch eine morphologische Matrix überprüfen. Hier ein Beispiel (überwiegend für die 2. Phase der Sekundarstufe I ansetzbar): der Schüler mußte für mögliche „compound forms" ein /+/, für nicht vorhandene ein /—/ einsetzen.

	-al	-ence	-ment	-ing
arrive	+	—	—	+
prefer	—	+	—	+
enlarge	—	—	+	+

▶ für den passiven (rezeptiven) Wortschatz reichen reine *Erkennungstests* aus, wobei z. B. mit dem multiple-choice Verfahren die richtige Bedeutungserkennung überprüft werden kann.
Selbstverständlich wird der Lehrer von Fall zu Fall noch weitere und andere Übungsformen für die Einübung der neuen Lexis finden können.

3.4.6 Kriterien für die effektive Arbeit mit der Lexis

Der Erfolg unserer Arbeit mit der neuen Lexis wird abhängen
▶ von der Anzahl der neu eingeführten Wörter (für die 5. und 6. Klasse pro Übungseinheit ca. 10 Wörter; für die Klassen 7—10 ca. 15 Wörter[34] bei lernschwächeren Gruppen);
▶ von der Lernbarkeit der Wörter (Länge, Verwandtschaft mit der L_1, begriffliche Faßbarkeit des Wortes);
▶ vom Erlebnischarakter der Situation, in der das Wort dargeboten wurde (Motivation);
▶ von der Häufigkeit der Wortanwendung (nach Dodson[35] bedürfen 8jährige bei einem neuen Wort 15mal, 12jährige 8mal und 14jährige 7mal der Wortanwendung)
▶ von der Verankerung des neuen Wortes in einer Assoziation. Dabei kann ein Lexem assoziiert werden im Sinne

— der räumlichen Kontiguität (in einem Bildwortfeld, z. B. „my room");
— der zeitlichen Kontiguität (Handlungsablauf, z. B. bei den Gouin'schen Reihen wie „I'm laying the table");
— der Affinität: Einüben in Wortfeldern[36], die sicherstellen, daß der Lernende begreifen und erfahren kann, daß die Lexis kein atomistisches Sammelsurium von Einzelwörtern, sondern ein System von aufeinander bezogenen Systemen ist, die die einzelnen Lebensbereiche sprachlich nach Bedeutungsfeldern gliedern.

Dazu gehören dann die *Kollokationsfelder,* die den Lernenden wahrscheinliche und mögliche *Sprachreaktionen* aufzeigen; wenn ich z. B. das Wortfeld

---

34 vgl. dazu die Untersuchung von H. Heuer und E. Hyder: Das Lernen neuer Wörter in Beziehung zur Vokabelzahl, zur Darbietungsmethode und zur Altersstufe. In: Praxis des neusprachlichen Unterrichts, Heft 1/71, SS. 21—27
35 vgl. Dodson, C. J. (1967)
36 Wortfeld = eine Gruppe von bedeutungsverwandten Wörtern, die einen Erfahrungsbereich nach den verschiedensten Gesichtspunkten aufgliedern. Vgl. dazu auch: Nilsen, D. L. F. (1976); Nilsen plädiert dort für eine Wortschatzarbeit im Sinne eines „paradigmatic approach": hier ist die Bedeutung eines Wortes eine Funktion von anderen Wörtern, mit denen es kontrastiert wird. (Wenn ich also „sandals" einführe, müßte ich loafers, wedgies, slippers etc. zur kontrastiven Abrundung miteinschließen.)
Natürlich will Nilsen die übliche Weise, die spezifische Bedeutung eines Wortes aus dem Kontext abzuleiten (syntagmatic approach), damit nicht aus dem Unterricht verbannen, sie sollte aber durch die paradigmatische Dimension ergänzt werden.

„car" erstelle, ergeben sich Kollokationen wie: A car goes / drives / speeds / starts / stops; people go by car, sell a car, order a car, hire a car; people repair / check / grease / overhaul a car; people have a new car, a comfortable car, etc. Diese Reaktionen ergeben das entsprechende Kollokationsfeld.
— Ebenso kann das neue Lexem assoziiert werden im Sinne der *Polarität*[37] (antonyms). Dieses Assoziationsverhältnis eignet sich nach unserer Erfahrung recht gut für Zuordnungsübungen: links werden 10 Wörter vorgegeben, rechts sollen die entsprechenden „antonyms" dazu aus einer „list of jumbled-up words" herausgesucht werden. Semantisch bleibt die Sache freilich problematisch: z. B. ist das Gegenteil von „rich" eben „not rich" und nicht „poor".

Für die gesamte *Sprachverarbeitungsphase* stellen sich also für uns im Blick auf die Lexis folgende Aufgaben:

a) die Bedeutungsvermittlung, die primär in der Darbietungsphase initiiert wurde, abzurunden;
b) für die Festigung und Einübung zu sorgen; eine Reihe von Übungsformen haben wir dafür nun bereits aufgezeigt; weitere werden im Abschnitt „Sprachanwendungsphase" noch genannt werden.

Wichtig ist bei all diesen Übungsformen der Einsatz von Realien (bes. im Anfangsunterricht: mit den Dingen agieren!), bzw. der Einsatz von Haftelementen, Dias und Bildern, um möglichst alle Sinne der Lernenden anzusprechen.

3.4.7 Die Planung des Unterrichtsgespräches und die Nacharbeit mit dem Text

Es ist jetzt an der Zeit, auf das *nachbereitende Unterrichtsgespräch* einzugehen; freilich wird dabei nicht allein die Lexis eingeübt; dafür haben wir im vorhergehenden Abschnitt schon Wege aufgezeigt, wie die neue Lexis in eigenen Übungsformen (natürlich unter Benutzung *bekannter* Strukturen) gelernt wird. Aber auch das nachbereitende Unterrichtsgespräch — das die Einzelteile sozusagen wieder zum Ganzen zusammenfügt — übt noch einmal die Lexis, jetzt allerdings bereits im Sinne der Förderung der Ausdrucks- und Sprechfähigkeit. Ohne den Gestaltungsraum des einzelnen Lehrers einschränken zu wollen, soll hier im Abriß ein Leitfaden für die Planung dieses Unterrichtsgesprächs (zum Grundsätzlichen dazu s. Band 1, S. 117/118) vorgeschlagen werden:

— Der Lehrer stellt mündlich Fragen zum Text[38] (Alternativfragen; Yes/No

---

37 Mögliche Fehlerquelle beim Verhalten des Lernenden: der Konflikt zwischen assoziativen Lerntheorien und den Erkenntnissen der Informationstheorie, nach der Wörter nach verschiedenen Kategorien *mehrmals* gespeichert werden. Vgl. dazu: Anisfeld, M. (1966), pp. 114—115
38 Wobei der Lehrer immer der ganzen Lerngruppe die Frage stellt und dann erst einen einzelnen Schüler aufruft.

Questions; Fragen mit Fragewörtern: *who — what — how — when — where — why —* Questions);
— es folgen schriftliche Fragen zum Text;
— „Matching Questions and Answers" (vor allem für lernschwächere Gruppen, weil hier nur die jeweils richtige Antwort zur passenden Frage ausgewählt werden muß);
— es folgen Fragen, die einen „comment" des Schülers evozieren oder die *seine* persönliche Erfahrung zum Thema herausfinden wollen.

Jetzt werden wir auch den Punkt erreicht haben, an dem die Schüler die Rolle des Fragenden übernehmen können. Bei gewissen Anfangsschwierigkeiten kann eine Question-Box an der Tafel als Unterstützung angebracht werden, wo verschiedene Fragegerüste (skeleton questions) die Produktion von Fragen erleichtern.

Dann kann die gelenkte Zusammenfassung des Textes erfolgen; dies ist eine quasifreie Reproduktion des narrativen Textes. Der Schüler gibt *ohne* Textvorlage in verkürzter Form das Wesentliche wieder, wobei er sich an schriftlich vorgegebene Hilfen halten kann: der Lehrer schreibt bestimmte Struktur- und Inhaltswörter als Stütze an die Tafel (vgl. auch „Guided Writing" Abschnitt 3.5).

Ebenso können wir jetzt an die Texterweiterung oder Textumformungen (Standpunktveränderungen) denken, die den Wortschatz umwälzen und die Steigerung des Ausdrucksvermögens (mündlich und schriftlich) anbahnen.

Zusammenfassend kann man für die gesamte Sekundarstufe I bei der Arbeit mit der Lexis zwei große Phasen unterscheiden:

— in den ersten Jahren geht es darum, daß die Schüler einen Grundwortschatz zur Verfügung haben, um zum Sprechhandeln und zum Berichten in der L_2 befähigt zu werden;
— in der zweiten Phase sollen sie in immer stärkerem Maße in der Lage sein, die treffende Stilebene, die richtige Nuance oder einen idiomatischen Ausdruck auszuwählen.

Besonders die linguistischen Untersuchungen der sog. „Neo-Firthians", hier vor allem die Arbeiten von M. A. K. Halliday, haben die Bedeutung der „choices" im Sinne einer „Systemic Grammar" evident gemacht. Bei den „*categories* of language" (diese Kategorien sind: *Units* = die immer wieder vorkommenden Sprachmuster, *Structure* = das Wissen, wo die Elemente vorkommen können, *Class* = das offene „set" der Lexis, mit größter Auswahlmöglichkeit, *System* = die Sprachkategorie, die uns zwischen mehreren Auswahlmöglichkeiten von Sprechäußerungen wählen läßt[39]) spielt im Blick auf „options" gerade die Lexis die bedeutendste Rolle.

Bei der Didaktisierung einer solchen „systemic grammar" müßten Übungsfor-

---

39 Diese Auflistung zeichnet freilich nur einen sehr groben Überblick über die „systemic grammar". Eine gute Einführung gibt: Currie, W. B. (1973) pp. 39—51

men konzipiert werden, die die Wechselbeziehungen zwischen Lexis und Grammatik widerspiegeln.

Eine der besten Übungen, die den „cline"[40] berücksichtigt und die Wechselbeziehungen zwischen „open and closed choices" aufzeigt, ist der *Cloze Test*. Hier wird in einem zusammenhängenden Text, nach einer kurzen Eingangsphase. jedes n-te Wort (meist das 6. oder 7.) weggelassen. Die inhaltliche Aussage des Textes muß natürlich dem Erfahrungshorizont der Lerngruppe entsprechen, damit die semantischen Fähigkeiten nicht überfordert werden. Für das Auffüllen dieser *systematischen* Lücken werden „vocabulary, grammar and discourse skills" aktiviert, die als *Erwartungsgrammatik* („expectancy grammar") bezeichnet werden (vgl. grundsätzlich dazu: John W. Oller: A Programme for Language Testing Research. In: Language Learning No 4, 1976, 141–165). Es hat sich als sinnvoll erwiesen, ca. 20 solcher Löschungen vorzunehmen und bei der Bewertung *alle* Wörter gelten zu lassen, die in der Lücke als „choice" stehen könnten.

Hier ein Auszug aus einem Cloze Test:

Peter has failed his exams. His father is telling him what he must do.
F: Well, Peter, you'll have to _____ better than that next time, won't _____ ?
P: Have I really got to do _____ exams again, Dad?
F: Of course, you _____. You must try harder this time.
P: _____ I have to go back to school?

Natürlich kann auch ein narrativer oder deskriptiver Text für den Cloze Test – der Ausdruck „Cloze" stammt übrigens aus der Gestaltpsychologie – verwendet werden.

3.4.8 Die Anlage von Vokabelheften und Wörterlisten

Ehe wir uns nun vollends auf das Gebiet der „Grammar" konzentrieren, müssen wir abschließend noch die Frage beantworten, inwieweit die Einübung und Vertiefung der lexikalischen Elemente durch das übliche *Vokabelheft* sinnvoll unterstützt wird. Vorab möchten wir zwar gerne zugestehen, daß das Führen von Vokabelheften oder Wörterlisten ein weiterer Anlaß ist, die neuen Wörter noch-

---

[40] Der Begriff „cline", der diese Wechselbeziehung beschreibt, wird bei Halliday (1964) wie folgt erklärt: „This is the basis of the difference between grammar and lexis. Grammat is concerned with choices of the first kind, where there is a small fixed number of possibilities and a clear line between what is possible and what is not. The second kind of choice is the domain of lexis. These two types of choice are known respectively as ‚closed' and ‚open'; . . .
It is not the case, however, that all choices in language are clearly of one type or the other, closed or open. What we find is really a gradient, or ‚cline': that is, there is a continuous gradation in the patterns of formal choice in language (a. a. O., S. 21–22).

mals zu schreiben. Damit endet aber fast schon die Apologie für das Führen eines Vokabelheftes, das ja im Anfangsunterricht noch dazu weitgehend zweisprachig angelegt sein muß. *Gegen* das Führen eines Vokabelheftes sprechen eine Fülle von Argumenten, wovon die wichtigsten sind:

— die weitgehende Unmöglichkeit, semantisch vertretbare Wortgleichungen zwischen L_1 und L_2 aufzustellen;
— die Nutzlosigkeit des Erlernens von *isoliertem* Sprachmaterial ohne Kontextbezug.

Wir geben im folgenden zu diesem Problem zwei Stellungnahmen wieder, denen wir uns voll anschließen möchten. Die erste von K. Hartmann[41] behandelt das übliche Vokabelheft. Er schreibt: „Am wenigsten günstig ist das noch weithin übliche Lernen mit dem Vokabelheft, vor allem, wenn es englisch-deutsche Wortgleichungen enthält; denn sie eignen sich schlecht, um zu lernen, wie Wörter im Kontext anzuwenden sind. Wenn die Schüler z. B. lernen, Tafel heißt *board* bzw. *board* heißt Tafel, so mag das in einem bestimmten Kontext natürlich stimmen. Wenn sie aber dann von einer reich gedeckten Tafel sprechen wollen, wird die Sache ebenso sinnlos, wie wenn sie von einem *board of directors* hören und sich Direktoren beim festlichen Schmaus vorstellen. (Man glaubt, dieser Schwierigkeit dadurch aus dem Weg zu gehen, daß man Wandtafel und *blackboard* gegenüberstellt. Aber wer sagt schon Wandtafel und warum sollen die Kinder das schwerfällige Wort *blackboard* lernen, wenn board durchaus üblich ist?)

Man kann jedoch das Vokabelheft so anlegen, daß die Schüler die Wörter in englischen Kontexten üben.

z. B. meet ⎯⎯⎯→ *Peter and Mary* ∾ *their German friend at the airport.*

Die Schüler setzen in der Leerstelle das passende Wort ein. Sie können sich durch Ab- und Aufdecken der linken Seite selbst kontrollieren. (*Vocabulary Aids* solcher Art werden von Lehrbuchverlagen im Zusammenhang mit den Lehrwerken herausgegeben).

Aber auch ein so angelegtes Vokabelbuch ist nicht unproblematisch, denn es setzt u. a. voraus, daß die Schüler tatsächlich gewillt sind, damit zu arbeiten. Vokabelhefte, die die Schüler selbst führen, machen überdies eine ständige Überprüfung durch den Lehrer notwendig.

(Neben den Vokabelbüchern und -heften wären noch die Workbooks der Verlage zu ihren Lehrwerken zu erwähnen).

Die ideale Art der Wortschatzfestigung wäre dadurch gegeben, daß die wichtigsten Wörter in den Übungen und Texten des Lehrbuches so oft vorkommen, also so planmäßig rotieren, daß sich das traditionelle Vokabelpauken erübrigt (d. h.

---

[41] Hartmann, K. (1972), S. 39

daß das ‚Wörterlernen' in den allgemeinen Prozeß des Spracherwerbs integriert wird)."
Die zweite Stellungnahme hat mehr die alphabetischen Wörterlisten im Auge. In „Englisch als Zielsprache" schreibt Heinz-Otto Hohmann[42]: „Die dem methodisch Unkundigen plausibel erscheinende Patentmethode, den Grundwortschatz der englischen Sprache in alphabetischer Reihenfolge auswendig zu lernen, hat einen fundamentalen Schönheitsfehler: Der Weg von der aus Worthäufigkeitsuntersuchungen gewonnenen Einsicht, daß man mit ca. 2000 Grundwörtern und -wendungen einen normalen Text zu 85% erfassen und ein Alltagsgespräch führen könne, bis zur aktiven Beherrschung und richtigen Anwendung dieses Sprachmaterials führt nicht über das Auswendiglernen von Kleinwörterbüchern. Konkret: Die Fragwürdigkeit der Aneignung von isolierten zweisprachigen Vokabelgleichungen ohne jeglichen Kontext ist so eklatant, der Einprägungs- und Behalteneseffekt durch das Fehlen situativer Bezüge so gering, die Gefahr der fehlerhaften Verwendung einzeln gelernter Wörter im lebendigen Sinnzusammenhang so groß, die Verfügbarkeit der in alphabetischer Reihenfolge angelernten Wörter beim Sprechen und Schreiben so zweifelhaft — um nur einige Punkte zu erwähnen —, daß von einer Lernarbeit des Studierenden mit so konzipierten (und primär für den Lehrbuchautor instruktiven) Wortlisten dringend abzuraten ist."
Nachdem wir nunmehr die sprachlichen Sachbereiche Phonologie/Orthographie und Lexis behandelt haben, kommen wir bei der Ausarbeitung der methodischen Analyse zum letzten Sachbereich, dem der *Grammatik*.

3.4.9 Das Einüben der neuen Elemente der Grammatik: Prinzipien für diese Übungsphase

Welche Grundsätze gilt es im Hinblick auf die Unterrichtsgestaltung zu beachten, wenn wir die neuen *Elemente* der *Grammatik* einüben wollen?
Spezielle Lernprobleme aus dem Bereich der Grammatik werden auf der Sekundarstufe I nicht im Sinne einer wissenschaftlichen, sondern gegen den Hintergrund einer pädagogischen Grammatik (vgl. Band 1, S. 46) behandelt; d. h. verallgemeinernd, daß wir auf vollständige und lückenlose Gesamtdarstellungen verzichten; dies impliziert, daß wir eine Reihe von grammatikalischen Phänomenen sogar überhaupt nicht analysieren. So ist es z. B. im *Anfangsunterricht* nicht notwendig, den bestimmten Artikel „the" dahingehend zu analysieren, daß er im Gegensatz zum bestimmten Artikel im Deutschen *unverändert* bleibt; zwar unterscheiden sich hier die zwei Sprachsysteme im Sinne der kontrastiven Analyse, aber der „mother tongue-pull" wirkt sich nicht negativ aus, weil die *Zielsprache* in diesem Punkt effektiver, d. h. weniger komplex ist. Damit haben wir aber bereits eine wichtige Erkenntnis gewonnen:

---

42 Hohmann, H.-O. in: Burgschmidt et al. (1975), S. 136/137

Schwerpunkte grammatikalischer Analyse und Einübung werden jene Gebiete der L_2 sein, wo die Zielsprache von der L_1 abweicht und dabei ein *komplexeres* Sprachverhalten aufweist als die L_1 (vgl. z. B. die Ausdrucksmittel für die Zukunft im Englischen).

Wir müssen hier auch nicht mehr der Frage nachgehen, inwieweit fremdsprachliches Regelverhalten via „habit-formation" oder via kognitive Lernprozesse erworben wird; dieses Problem wurde — insbesondere auch mit seinen Einwirkungen auf die Frage des Transfer — in Band 1 (S. 104—116) dargestellt.

Was wir grundsätzlich für die Übungsarbeit mit neuen Elementen aus der Grammatik für die Stufe der *Sprachverarbeitung* fordern, ist bereits früher in dem Postulat (vgl. 3.2.1 Band 2) impliziert worden, nach dem die Übungsweise (also das: „Wie wird geübt?") in dieser Phase dadurch bestimmt wird, daß die *Lernenden* das *Bewußtsein* auf die *sprachliche Form* lenken. Es werden also *Practice Drills* einzusetzen sein, die den paradigmatischen oder kategorialen Charakter des zu lernenden Sprachverhaltens bei aller situativen Einbettung klar erkennen lassen. Das bedeutet im einzelnen:

▶ Wir werden bei der Einübung von Regelverhalten daran denken, daß das länger im Gedächtnis bleibt und eher zum Transfer heranreift, was *sinnvoll* geübt wurde (vgl. dazu Band 1 S. 112). Deshalb darf, wenn das Sprachverhalten der L_2 komplexer ist als das der L_1, *die Analyse nicht zu spät* durchgeführt werden.

▶ Das herausgearbeitete Regelverhalten, das zum Sprachhandeln (= Performanz) aufgrund von Wissen (= Kompetenz) führt, sollte gerade im Anfangsunterricht soweit wie möglich die Form eines *visuellen Schemas* haben (vgl. Band 1 S. 114/115).

▶ Jede Übungsreihe, die wir für das Lernen eines neuen Regelverhaltens durchführen, sollte sich von der Überlegung leiten lassen, daß sie lediglich dazu da ist, zum Handeln in der L_2 zu führen. Dieser pragmatische Gesichtspunkt muß bis in die Arbeitsanweisung hinein wirksam werden. Also *nicht* vorgeben: „Setze die Sätze in die 3. Person Singular / in das / Futur / in das Present Perfect, etc." Die *Arbeitsanweisung* soll *situativ* und *funktional* ausgerichtet sein. Nehmen wir einmal an, es ginge darum, daß Sätze, die in der 1. Person Singular vorgegeben sind, in die 3. Person Singular transformiert werden sollen. Wir könnten dann unsere Arbeitsanweisung wie folgt formulieren:

„The sentences above tell you what Betty does every morning. The same is true of Bill. Now tell your neighbour what Bill does every morning."

Generalisierend läßt sich also sagen, daß jedes Grammar Exercise so angelegt sein muß, daß es
— uns entweder zur richtigen *Nachahmung* einer spezifischen sprachlichen Form anleitet (dies gilt vorab für die ersten beiden Lernjahre);

— oder, wenn das geschehen ist, uns dazu verhilft, aus einer begrenzten Auswahl von sprachlichen Möglichkeiten die *richtige Form auszuwählen* (vgl. dazu unsere Ausführungen zu der „systemic grammar" von Halliday bei 3.4.7). Der letztere Übungstyp ist dann für die Klassen 7—10 bezeichnend, wo gerade die richtige Wahl bei den englischen Tenses und die richtige Wahl der Hilfszeitwörter *die* großen „trouble-makers" sind.

Ziel all dieser Übungen wird sein, daß der Lernende eine „grammar sensitivity" erwirbt, daß er ein Gespür für „grammatical meaning" bekommt. Der von vielen Linguisten zitierte Nonsense-Satz:
A woggle uggled a diggle
drückt zwar kein „semantic meaning" aus, man kann ihm aber, wie jeder Leser nachvollziehen kann, ein „grammatical (oder *structural*) meaning" nicht absprechen, denn die beiden unbestimmten Artikel signalisieren die Noun Phrase, das gebundene Morphem -ed signalisiert die Verb Phrase, die syntaktische Struktur $NP_1 + VP + NP_2$ drückt eine Beziehung zwischen Handelnden und Objekt aus. Die Past Tense Form legt die Vermutung nahe, daß es sich um einen Teil aus einem narrativen Text handelt. Diese Sensibilität für „structural meaning" soll durch eine Reihe von Übungsformen gefördert werden.

3.4.10 Eine Übungstypologie für Grammar Exercises im Rahmen der Sprachverarbeitungsphase und Möglichkeiten der Lernziel- und Leistungskontrollen

Fragen wir also nach der *Übungstypologie* für die Sprachverarbeitungsphase: Was steht uns hier zur Verfügung?

a) Zunächst ein Block von Übungen, die man systematisch beschreiben kann, weil sie alle gemeinsame Kennzeichen haben. Wir nennen sie *„Reihenübungen"*. Ihre Herkunft (Sprachlabor) ist unleugbar und die meisten davon sollte man auch dort durchführen. Was kennzeichnet nun diese Reihenübungen? Hier sind ihre Merkmale:

— sie haben eine feste, vorgegebene Form für ihren Ablauf;
— sie sind weitgehend von der Stimulus-Response Theorie geprägt, wobei die vermeintliche Reaktion des Schülers keine freie Wahl impliziert;
— sie ermöglichen eine große Schülerbeteiligung (weitgehend mündlich)
— sie bauen auf einer Konvention auf, nach der auf einen bestimmten Typ von Satz (= Stimulus) ein vorausgeplantes verbales Terminalverhalten durch den Schüler zu erfolgen hat (= Response); die Übung hält sich dabei an *ein* spezielles sprachliches Modell (= sog. *„frame"*), das zu Beginn vorgegeben wird, z. B.

> S: Jack's reading a book.
>   How about Bill?
> R: He's reading a book, too.

S: Jack's doing his homework.
How about Bill?

R: _____

Im folgenden geben wir die gebräuchlichsten Reihenübungen an, die in einer didaktischen Progression[43] wie folgt angeordnet werden können:

Repetition
Reiteration
Discrimination
Substitution
Contextualisation
Transformation
Invention
Build-up Exercises

Repetition Exercises

Hier wird lediglich der vom Tonband (als Ersatz: Lehrer) vorgegebene Satz nachgesprochen, evtl. erfolgt die Bestätigung durch das Tonband (sog. 3-Phasen-Drill). Ziel ist hier nur: Gewöhnung an eine neue grammatische Form, Anbahnung von „Fluency" und „Accuracy" in der Phase des imitierenden Sprachverhaltens. Diese notwendige Durchgangsphase, für den Lehrer nicht sehr attraktiv, wird am besten im Sprachlabor durchgeführt. Ebenso kann hier *Stress* und *Rhythm* eingeübt werden. Beispiel:

T (Tonband/Teacher)	fílm
S (Schüler)	fílm
T	ă fílm
S	ă fílm
T	tŏ sée ă fílm
S	tŏ sée ă fílm
T	tŏ thĕ cínĕmă tŏ sée ă fílm
S	. . .
T	Ĭ gó tŏ thĕ cínĕmă tŏ sée ă fílm.
S	. . .

---

[43] Zu beachten ist dabei: nicht alle Übungstypen eignen sich für jede grammatische Erscheinung, die wir üben wollen; zum anderen: je nach Lerngruppe muß evtl. die eine oder andere Übungsform im Sinne einer methodischen Differenzierung wegfallen.

Reiteration Exercises

Diese Reihenübung ist etwas kontextbezogener und stellt gewisse Ansprüche an das Gedächtnis und an das Verständnis der Situation. Sie wiederholt ein bestimmtes Regelverhalten. (Hier z. B. die Abfolge: Simple Past → Past Perfect) Beispiel:

T: What did you do when you went back to your room?
S: I looked for my camera.
T: Was it there?
S: No, someone had taken it.

T: What did you do when you went back to your room?
   (Lehrer deutet auf Brieftasche)
S: I...
T: Was it there?
S: No, ...

Discrimination Exercises

Diese Übungsform trainiert eine notwendige rezeptive Fähigkeit beim Lernenden: er soll zeigen, ob morphologische Elemente (z. B. Singular vs. Plural) oder syntaktische Elemente bei zwei aufeinanderfolgenden Sätzen gleich oder verschieden sind. Übungsort ist am besten das Sprachlabor. Beispiel für syntaktische Elemente:
T: When it started to rain, I'd closed the window
   When it started to rain, I closed the window
S: different
T: When the police broke in she'd shot herself
   When the police broke in she'd shot herself
S: same

Substitution Exercises

Hier wird an einer bestimmten Stelle eines Satzbaumusters substituiert; damit aber das Bewußtsein auf *die Form* konzentriert bleibt, muß z. B. ein *morphologischer* Wechsel eintreten. Es wird somit ein neues Regelverhalten (am besten im Sprachlabor) geübt. Beispiel:
T: I like coffee.
Cue (als flüsternde Geisterstimme): Tom
S: Tom likes coffee, too.

Es sollte hier — im Sinne von Lado[44] — nur an *der* Stelle substituiert werden, an der das zu lernende „grammar problem" im Satz angesiedelt ist. Alle anderen Orte im Satz sind für die Substitution bei der *Sprachverarbeitungsphase* nicht günstig, weil dadurch das Bewußtsein vom „problem spot" abgelenkt wird.

Contextualisation Exercise

Diese Reihenübung gehört in die *Sprachanwendungsphase* als kommunikative Übung. Wir stellen sie im nächsten Abschnitt vor.

Transformation Exercises

Nach einem Stimulus, der aus einem oder zwei Sätzen besteht (oder auch aus einem weiteren „cue"), produziert der Schüler einen neuen Satz. Die Veränderung kann morphologisch oder syntaktisch sein.
Beispiel:
T: I'm reading the paper right now.
S: I read the paper last night.
oder
T: I bought a violin. The violin belonged to Jack.
S: I bought a violin which belonged to Jack.
Hier noch ein Beispiel für morphologische Transformation:
T: I've got a book.
Cue: Tom/ten
S: Tom's got ten books.

Invention Drill

Diese Reihenübung übt neue Strukturen, hat aber den Akzent auch auf der Lexis. Der Lehrer/Tonband spricht ein Satzmodell vor; dann hört der Schüler einen „cue" (ein Wort, eine Wortkette). Dieses Wort soll im Schüler bestimmte und bekannte Assoziationen hervorrufen, die ihn befähigen, in seinem Gedächtnis entsprechende Elemente auszuwählen, um die Antwort zu vollenden.
Beispiel:
T: When he arrived, I'd washed all the dishes.

---

44 vgl. dazu Lados didaktischen Raster für „Substitution Practice": „Teaching a problem pattern begins with teaching the specific structure points where a formal change in the pattern is crucial and where the student is not able to manipulate the required changes. The steps in teaching problem patterns are 1) *attention pointer,* usually a single sentence calling the students' attention to the point at issue; 2) *examples,* usually minimally contrastive examples showing a pair of sentences that differ only on the point or points being made; 3) *repetition* by the class and presentation of *additional examples* of the same contrast; 4) *comments* or *generalization* elicited inductively from the students and confirmed by the teacher; 5) *practice,* with attention on the problem being taught" Lado, R. (1964), p. 95.

Cue: all the wine
S: When he arrived, I'd drunk all the wine.
Hier ein syntaktisch leichteres Beispiel:
T: She's eating an ice-cream.
Cue: now/a letter
S: Now she's writing a letter.
Die folgende Übung ist keine *reine* Reihenübung mehr, da das Terminalverhalten bereits eine bestimmte Auswahlbreite hat. Sie ist also weniger für das Sprachlabor geeignet; sie sollte im Kontaktunterricht durchgeführt werden. Beispiel:
T: She's opening a window
Cue: a sandwich
S: She's eating / preparing / making / buying a sandwich.

Build-up Exercise (expansion drill)

Hier ist jede Form von Reihenübung aufzuführen, die vom Lernenden einen Zusatz zu einer vorgegebenen Äußerung fordert.
Das kann — im einfachsten Fall — die Zufügung eines Adjektivs sein und kann als Reihenübung vom nächsten Schüler aufgenommen werden, der ein weiteres Adjektiv (oder Noun/oder Adverb) hinzufügt. Ein dritter Schüler greift jetzt den Satz auf und erweitert ihn abermals usw. (es handelt sich um das bekannte Spiel „Kofferpacken", im Englischen als Kim's Game bezeichnet).
Die Zufügung kann aber auch ein Satzanfang oder -ende sein. Durch die Zufügung können morpho-syntaktische Veränderungen bewirkt werden. Beispiel:
T: He's coming
Cue: I'm sure
S: I'm sure he's coming.
oder:
T: He's coming.
Cue: I was sure.
S: I was sure he was coming.
Damit haben wir die gebräuchlichsten Reihenübungen vorgestellt.

b) Andere Exercises für das Einüben von „grammar elements":
Backward build-up Exercises

Hier beginnt der Lehrer mit einem „cue", indem er mit einem Segment eines Satzes beginnt, das am *Satzende* seinen Platz hat. Es handelt sich also um eine Sonderform der Expansionsübung, die jetzt aber den Schülern große Wahlmöglichkeiten läßt, wie die anderen Satzsegmente sinnvoll lauten mögen. Beginnt der Lehrer z. B. mit „last night" / „tomorrow morning" / „for over a period of two years", so ist die Möglichkeit gegeben, die syntaktischen Beziehungen des Gesamtsatzes zu beeinflussen.

Situational Pattern Drill

Im *Anschluß* an einen Text oder an ein Bild wird ein Sentence Switch Board erstellt, wo z. B. in der „Object Column" nur *ein* lexikalisches Stichwort erscheint. Die Lernenden ergänzen hier andere „items", entweder aus dem Text oder aus eigener Erfahrung.

Lückentexte

Zu Beginn dieser Übung sollte zunächst der situative Zusammenhang angegeben werden. Die nachfolgenden Sätze haben dort Lücken, wo eine einzuübende Form einzusetzen ist. Diese Form muß entweder
— aus dem Kontext *erschlossen* werden;
— aus einer Angabe in der Klammer *entnommen* werden (z. B. bei Verben die Grundform);
— aus einer „jumbled order" am Schluß des Übungstextes *ausgewählt* werden (z. B. Choose the correct form: could / was able to / might / had to / was allowed to)

Jumbled Sentences

Hier werden die Bausteine eines Satzes jeweils in Schrägstrichen *durcheinander* vorgegeben; die Schüler sollen (gemäß einer Überschrift, einer Bilderabfolge) syntaktisch richtige Sätze bilden.

Find the Corresponding Form in the Text

Der Schüler liest einen Text durch, der z. B. mehrere Aspekte des Present Perfect enthält. Unter dem Text wird ein Satz, der oben nicht enthalten ist, vorgegeben. Dieser drückt z. B. den resultativen Aspekt des Present Perfect aus (z. B. I've washed my hands). Der Schüler soll nun im obigen Text jene Present Perfect Formen unterstreichen, die ebenfalls den resultativen Aspekt des Present Perfect ausdrücken.

Aus den Übungen, die wir in diesem Abschnitt zusammengestellt haben, wird ohne Schwierigkeiten die eine oder andere Form auch für eine Lernzielkontrolle oder für eine Leistungsmessung einzusetzen sein.
Eine besonders „text-intensive" Übungsform ist an *diesem didaktischen Ort* das sog. „Comprehension Piece". Es wird ein Text vorgegeben, der dem gerade behandelten Lektionstext ähnlich sein kann. Nach dem Lesen des neuen Textes sollen schriftliche Arbeitsaufträge ausgeführt werden. Sie können folgende sprachliche Sachbereiche abdecken:

— *die Lexis* eines sprachlichen Feldes, das behandelt wurde; z. B. Find a synonymous term for . . . / Paraphrase the expression . . . / Find the expression

with a similar meaning (from the box below) and mark it off with a cross / Find the nouns corresponding to the following verbs ..., etc.);
- *die grammatischen Elemente:* es werden u. a. Lückentexte angeboten, die sich situativ an den Text anschließen; außerdem können Aufgaben gestellt werden, die ein „rewriting" (z. B.: „Rewrite the following sentences, beginning with the expression provided: Where can Susan buy the dress? He wants to know...") implizieren, um die neue Syntax zu überprüfen (vgl. dazu auch die Formen des „guided writing" bei Absatz 3.5.5);
- *das Ausdrucksvermögen:* „Questions on the text" werden vorgegeben, um kurze Stellungnahmen zu Teilproblemen des Inhalts zu evozieren;
- *die Orthographie:* es können Spelling Exercises angeboten werden, in denen einzelne Buchstaben (oder Buchstabengruppen) in einem Lückentext eingesetzt werden müssen; oder es werden anhand von Wörtern aus dem Text *Gruppierungsübungen* verlangt; dabei müssen Wörter gefunden werden, in denen bestimmte Phoneme auf dieselbe Weise schriftlich symbolisiert werden (z. B. read → sea, tea, etc.) Der Schüler kann so einen Überblick über gewisse Gesetzmäßigkeiten der englischen Orthographie gewinnen.

Diese „Comprehension Pieces"[45] sind für die Sprachverarbeitungsphase eine Möglichkeit des intensiven Übens von Teilfertigkeiten; sie können z. T. auch als Hausaufgaben oder Lernzielkontrollen verwendet werden.
„Comprehension Pieces" sollten jedoch nur in einer bestimmten *Durchgangsphase* Verwendung finden, denn der *funktionale Aspekt* von Sprache wird hier kaum zum Tragen kommen; dafür werden wir in der Phase der „Communication" andere Möglichkeiten in Betracht ziehen müssen (vgl. 3.5.5).

3.4.11 Methodische Überlegungen zum Einüben von neuen Elementen aus dem Sachbereich „Grammatik"

Werfen wir jetzt einen Blick auf die *methodische Seite* des Einübens von neuen Elementen aus dem Sachbereich „Grammatik".
Grundsätzliches über das Lernen von Regeln haben wir bereits in Band 1 (S. 104 ff.) zusammengestellt. Wenn wir jetzt der Frage nachgehen, ob für komplexere Sprechäußerungen der L_2 Regeln zu formulieren sind, so müssen wir an dieser Stelle die Antwort auch von der Lerngruppe abhängig machen.
Im Sinne einer methodischen Differenzierung ist es einleuchtend, daß das Regelverhalten, das hinter einer Fülle von geübten Sprechmustern aufzufinden ist, nur von denjenigen Schülern *ohne* Mithilfe des Lehrers entdeckt wird, die aufgrund ihrer intellektuellen Fähigkeiten selbst generalisieren können.

---

[45] Eine Sammlung von Comprehension Pieces liegt u. a. vor von: Mayer, A./Gumtau, H. (1975), Schülerarbeitsheft und Lehrerheft mit Lösungen

Für den Lernschwächeren bleibt, auch nach einer Fülle von Beispielen, das Internalisieren von Regeln ein unüberwindbares Hindernis.

Solange wir in der Lage sind, ein Sprachverhalten im Sinne eines kognitiven Schemas (vgl. Band 1, S. 114) visuell oder verbal klar zu formulieren, müssen wir hier gerade den lernschwächeren Gruppen entgegenkommen. Bei diesen Lerngruppen wird der Lehrer diesen Teil der Stunde — mehr als 10 bis 15 Minuten werden es ohnehin nicht sein — in der Muttersprache durchführen; je schneller und effektiver diese Phase der Erklärung durchgeführt wird, desto mehr Zeit bleibt für die Übungsphase, in der wieder ausschließlich die L$_2$ gebraucht wird.

Zur Unterstützung unserer These möchten wir die amerikanische Psychologin Wilga M. Rivers[46] zitieren: „The question we must ask ourselves is the following: for whom do we consider this systematization of structure the most useful? The more apt of the students, who have gained a firm control of basic structure in the earlier stages of language learning, will follow quite easily discussions about the structure in the foreign language. Their accurate knowledge of the recurring features will help them in this study. These are, however, not the students who are most in need of this systematic instruction in the grammar of the new language; it is the weak students who have not recognized interrelationships for themselves for whom this teaching should be designed. These are the very students who will have difficulty in following abstract explanations in the foreign language. A short elucidation of a grammatical point in the native language will help these students much more than a prolonged attempt to explain and reexplain in the foreign language and will leave more time for practice of the feature under discussion — practice that is essential if such students are to be able to use the structural patterns about which they are learning."

Freilich ist die so gewonnene Einsicht nicht Höhepunkt der Stunde; sie ist Durchgangsstadium zu neuen Übungen und freieren Anwendungsformen (vgl. 3.5), wo wir über die Regel hinauswachsen müssen. Mit Recht warnt J. B. Hilton[47]: „But the greatest danger of rules is that the habit of mentally checking what one is about to say interferes with both continuity and confidence. Somehow we must organize our rule-making and rule-application in such a way as to cut down this interference as much as we can. We must keep rules down to a very subordinate position in our overall teaching pattern."

Regeln sollten nur gegeben werden, wenn sie

— dem Lernenden zu Überblick und Ordnung verhelfen;
— schneller zum Transfer führen;
— den Lernenden befähigen, sich klarer und präziser in der L$_2$ auszudrücken;

---

46 Rivers, W. M. (1970), p. 85
47 Hilton, J. B. (1974), p. 63

— dem Lernenden es ermöglichen, sich an sprachliche Normen zu halten, die vom native speaker, als seinem Partner, als Konvention eingehalten werden.

Wenn wir bei diesem Problem die gesamte Sekundarstufe I im Auge behalten, so ergibt sich nach unserer Erfahrung eine zweiphasige Progression:

▶ in den ersten beiden Lernjahren, grob gesprochen, wo die *Akquisition der Formen* im Vordergrund steht, wird grammatikalisches Regelverhalten weitgehend im sprachlichen Material implizit sein und somit im Sinne von „structural meaning" erworben werden. Hier geht es darum, daß durch Reihenübungen aller Art vorab „accuracy" und „fluency" angestrebt werden. Erklärungen, wenn sie gegeben werden, betreffen das sprachliche Verhalten in *einem* detaillierten Punkt der Sprache, nicht aber die Beziehung zwischen diesem speziellen Phänomen und dem gesamten sprachlichen System. Der Akzent liegt also auf dem Erfassen dessen, was wir zu Beginn dieses Abschnitts (3.4.9) als „structural meaning" definiert haben; dieses Begreifen soll primär durch gut geplante (= gut strukturierte) und intensive Übungen mit den patterns der Zielsprache erreicht werden.

▶ Für die zweite Phase der Sekundarstufe I (ca. von der 7. Klasse ab) wird es — da es jetzt vorab um das richtige *Auswählen und Unterscheiden* geht — notwendig sein, sprachliche Erscheinungen zu systematisieren und die Zwischenbeziehungen im Gesamtsprachsystem Schritt für Schritt aufzudecken, um den Lernenden Sicherheit und größere Präzision beim Gebrauch der L_2 zu geben; denn jetzt ist das sprachliche Regelverhalten so komplex geworden, daß reine Imitation und Analogie nicht mehr ausreichen. Der Lernende muß z. B. die Grenzen erkennen, wo die Analogie nicht mehr applikabel ist; er muß die Nuancen einer Situation durchschauen, um auswählen zu können, ob er jetzt z. B. sagen soll: „Who has broken this vase?" oder „Who broke this vase?". Besseres Durchschauen der Zwischenzusammenhänge soll ihn befähigen, sprachlich angemessen zu agieren. Dabei müssen dann die Regeln gleichsam wie Krücken wieder beiseite gelegt werden, denn auch in dieser Phase geht es nicht um Wissen, sondern um *sprachliches Handeln aufgrund von Wissen.* erreichen wir diesen Punkt nicht, so erweist sich die Regel nicht als Hilfe, sondern als Bremse beim immedialen Sprechen; die L nenden denken zuerst zu lange und angestrengt an die Form, ehe sie sich dem Inhalt ihrer Aussage zuwenden können.

Das nächste methodische Problem betrifft die Frage, *wann* die Lernenden beim Einüben eines sprachlichen Regelverhaltens zur Regel geführt werden sollen. Hier muß der Lehrer auswählen zwischen dem deduktiven („expository teaching") Verfahren und dem induktiven Weg („guided discovery"). Die lernpsychologische Würdigung der beiden Verfahren haben wir im Band 1 (S. 112) vorgestellt. Zunächst die unterschiedlichen methodischen Implikationen:

a) *deduktives Verfahren*

- ein sprachliches Verhalten wird in seiner Gesetzmäßigkeit vom Lehrer beschrieben;
- es werden Beispielsätze (die aus dem Text der Lektion stammen) zitiert, die Schüler wiederholen diese;
- die Schüler üben neue Beispiele für dieses Regelverhalten.

Vorteil: die Schüler wissen sofort, was gelernt werden soll, es verbleibt Zeit für die Übungsphase mit dem Bewußtsein auf der sprachlichen Form.

Nachteil: die Schüler erwerben die Regel nur rezeptiv, die eigene Beobachtungsgabe und die Fähigkeit, das Beobachtete in Worte zu fassen, wird nicht geweckt.

b) *induktives Verfahren*

- Beispielsätze werden gemeinsam zusammengestellt (am besten mit andederen kontrastiert, die bereits bekannt sind; also z. B. bei der Einführung von Present Habitual Tense → Kontrast mit bekannten Beispielen der Continous Form).
- Erste Phase des imitierenden Übens mit den neuen Beispielen (nicht zu lange!)
- Hinlenken der Aufmerksamkeit auf Unterschiede (formal, dann situativ) durch den Lehrer.
- die Schüler versuchen zu entdecken: Worin unterscheiden sich die neuen Formen von den bekannten? Ist der Unterschied morphologisch/syntaktisch? Wie ist der „context of situation" angelegt; Was will der Sprecher mit dieser neuen Form bewirken?
- Der Lehrer faßt das Erarbeitete zusammen bzw. bestätigt die Richtigkeit der gefundenen Ergebnisse[48]. (Die beiden letzten Phasen können auch den Gebrauch der L_1 beinhalten.)
- Die Schüler üben mit den entsprechenden Typen von Reihenübungen das neue sprachliche Regelverhalten.

Diese Form der Erarbeitung ist vom *pädagogischen* Standpunkt aus eindeutig vorzuziehen.

3.4.12 Der Einsatz von Medien bei grammatischen Übungen

Bei diesen Übungen können u. a. folgende Medien zur Unterstützung eingesetzt werden:

---

[48] Ob dann die Schüler noch das Gefundene mit den betreffenden Einträgen in anderen Grammatiken vergleichen sollen, wie das Piepho (1975, S. 105) andeutet, hängt weitgehend von der Lerngruppe ab. An sich dürften solche Gegenüberstellungen erst in der Sekundarstufe II am Platze sein.

- zunächst das *„sentence switchboard"* (= substitution table, vgl. Band 1, S. 79) zum Imitieren und Reproduzieren;
- sog. „Flash Cards", mit denen wir neue Sätze produzieren lassen (gewissermaßen ein mobiles „switchboard"), um die *syntaktischen* Veränderungen *optisch* deutlich werden zu lassen; diese Flash Cards können die NP$_1$, die VP und die NP$_2$ als Einzelteile vorgeben (z. B. [Jack] [him] [gives] [a book]). Die Schüler bilden damit an der Flanelltafel den richtigen Satz;
- die Tafelzeichnung, um ein Regelverhalten als visuelles Schema sichtbar werden zu lassen (vgl. Band 1, S. 115);
- sog. „Wall Charts" Haftelemente, um z. B. Präpositionen einzuüben und semantisch zu verdeutlichen (vgl. Band 1, S. 115)
- eine bestimmte Form des „sentence switchboard" für Formationsübungen, wo bei Satzbildungsübungen z. B. die 2. Spalte ein „trial-and-error learning" impliziert:

I Tom Susan She He We The Brooks	am going to is going to are going to	prepare supper lay the table beat the eggs read the cook-book come over vor supper

- die Situation im Klassenzimmer selbst: z. B. der Lehrer läßt das Fenster öffnen und stellt dann fest: „Now Tom has opened the window."

3.4.13 Fehlerquellen beim Schülerverhalten in der Verarbeitungsphase

Welches sind nun mögliche *Fehlerquellen,* wenn die Lernenden neue Sprechäußerungen produzieren sollen?

Wir unterscheiden drei Typen von Interferenzerscheinungen:

- Interferenz durch die stark ausgebildeten Gewohnheiten und Fertigkeiten der L$_1$ („*interlingual* interference" z. B.* "Come you tomorrow?");
- Interferenz durch bereits Gelerntes in der L$_2$ („*intralingual* interference, z. B. *"Three mans are working there");
- Interferenz, weil ein früher gelerntes sprachliches Verhalten in der L$_2$, das dem neuen sehr ähnlich ist, zu lange *isoliert* behandelt wurde (sog. „*developmental* interference", z. B.* "He cans sing").

3.4.14 Kriterien für Reihenübungen

Schließlich müssen wir an dieser Stelle auch Rechenschaft ablegen darüber, nach welchen Kriterien wir die Qualität der Reihenübungen beurteilen wollen.
Wie wir in Band 1 (II. Kapitel) bereits nachgewiesen haben, besteht zwischen den einzelnen Formen der Sprachübungen und verschiedenen linguistischen Strömungen eine gewisse Relation[49], ob dies nun von linguistischer Seite gewollt wurde oder nicht. Bestimmte Übungen gehen auf die „slot-and-filler Theorie" zurück, was bei den meisten „substitution drills" der Fall ist. Andere schließen sich an die Theorie der „Immediate Constituents" an, wo der hierarchische Charakter der Sprachstruktur unterstrichen wird, was z. B. bei vielen „Expansion Exercises" evident ist (vgl. dazu das Beispiel in Band 1, S. 52).
Eine dritte Form hat gewisse, wenn auch nur oberflächliche Bezüge zur „Generative Transformational Grammar" wie z. B. manche „Combination and Transformation Exercises".
Eine gute Reihenübung, ganz gleich wo sie linguistisch ihre Herkunft hat, sollte folgenden Kriterien entsprechen:

a) sie sollte nur *ein* spezielles Regelverhalten einüben;
b) sie sollte sich kontextuell an die Situation in der Sprachaufnahmephase anschließen;
c) jeder einzelne „Frame" sollte mindestens 8 Beispiele evozieren, so daß die Schüler genügend Zeit haben, ein pattern einzuüben (am besten im Sprachlabor);
d) jeder „Frame" sollte kurz und übersichtlich sein, so daß die Gedächtnisleistung beim „oral pattern drill" nicht überfordert wird;
e) das Vokabular soll bekannt und einfach sein, so daß die Schüler durch dieses Sprachsystem nicht überfordert werden;
f) die einzelnen „Frames" sollten nach Übungsart genügend unterschiedlich angelegt sein, damit das Interesse der Lernenden aufrecht erhalten wird;
g) jede Sprechäußerung, die in einer Reihenübung erzielt wird, muß in wirklichen Situationen *kontextualisierbar* sein. (Wenn also in einer Tonbandübung zu einem Film die Äußerung beim Einüben des Superlativs evoziert wird „I don't want the most comfortable car you've got", so verstößt sie gegen diesen Punkt, gegen Punkt a / contact clause / und gegen Punkt d);
h) jede Reihenübung oder Abfolge von Reihenübungen gibt nachher — in der

---

49 Wobei es uns nicht darum geht, bestimmte linguistische Theorien (deren Erfahrungs- und Geltungsbereiche sowieso sehr unsicher sind) in irgendeiner Weise thematisch auf die Schule zu übertragen. Was man jedoch tun kann, hat Dieter Wunderlich (Maas/Wunderlich 3. Aufl. 1974) so formuliert: „Das einzige, was mir gerechtfertigt erscheint, ist, daß auf der Basis dieser Theorien sinnvollere Lernschrittabfolgen als bisher entwickelt werden, oder gewisse, ganz punktuell anzusetzende sprachtherapeutische Programme entwickelt werden" (a. a. O., S. 281).

Sprachanwendungsphase — Anlaß, das gelernte Verhalten in quasi-freien Übungen anzuwenden.

Wir wollen im Auge behalten, daß all diese Übungen — die wir am besten als „pre-communicative exercises" bezeichnen — nicht Selbstzweck waren, sondern nur eine notwendige und wichtige Durchgangsphase. Ziel ist nicht, „Grammatik zu können", sondern mit ihrer Hilfe zur eigentlichen Kommunikation fähig zu werden. Dieter Wunderlich[50] faßte dieses Ziel so in Worte: „Jemand, der kommunizieren kann, hat nicht nur gelernt, grammatisch korrekte und deshalb verstehbare Äußerungen zu tun, sondern er hat auch gelernt, in welchen Kontexten welche Äußerungen möglich sind und wie sie dort zu verstehen sind."

3.5 Die Sprachanwendungsphase

Wie bereits früher vermerkt, sind die Grenzen zwischen Sprachverarbeitungs- und Sprachanwendungsphase fließend. In einer Synopsis der gesamten Sekundarstufe I werden wir im Hinblick auf diese zwei Phasen verallgemeinernd feststellen können:

- ▶ daß für die ersten zwei Lernjahre die Verarbeitungsphase anteilsmäßig größer sein wird als die Anwendungsphase (es gibt hier noch weniger Transfer- und Kombinationsmöglichkeiten);
- ▶ daß ab dem 7. Schuljahr die Verarbeitungsphase proportional abnehmen wird (es sind nun ein breiteres Basiswissen und gewisse Grundfertigkeiten vorhanden) und die Anwendungsphase stärker dominieren wird.

Wie können wir aber theoretisch und formal diese zwei Phasen differenzieren? Man könnte in der Theorie des Fremdsprachenunterrichts davon ausgehen, daß in der *Anwendungsphase* das, was vorher unter dem Aspekt der *formalen* Schulung gelernt wurde, übergeht in die Schulung der eigentlichen *kommunikativen* Fähigkeiten.

3.5.1 Grundsätzliche Überlegungen für die Planung und Gestaltung

Allgemein können wir an diesem didaktischen Ort die Lernziele für die sprachliche Übungsarbeit so definieren:

- ▶ das Bewußtsein des Lernenden sollte sich nun nicht mehr der Form, sondern dem *Inhalt der Sprechäußerungen* zuwenden. (Freilich wird uns manchmal die Praxis zeigen, daß nicht die *gesamte* Lerngruppe undifferenziert diesen Stand erreicht hat.) Möglichst viele Lernende sollten darüber hinaus jetzt befähigt werden, zur Ausführung eines Sprechaktes *mehrere* sprachliche *Lösungsmöglichkeiten* zu entwickeln (= „divergent abilities", vgl. 1.2.3)

---

[50] Wunderlich, D. (in Maas/Wunderlich 1974³), S. 132

▶ mit dem Hinlenken der Aufmerksamkeit auf den *Inhalt,* die *Absicht* und *Wirkung des Sprechaktes* rückt die Situation wieder stärker in den Mittelpunkt unseres Interesses. Wir werden versuchen, daß die Lernenden die *Äquivalenz* von Situationen (vgl. Band 1, S. 121 Fußnote) erkennen können (Entwicklung von „*evaluative abilities*", vgl. 1.2.4).

Das schließt die Fähigkeit mit ein, daß die Schüler erkennen können, was an der ursprünglichen Situation (die in der Spracherwerbsphase bei der Darbietung eingeführt wurde) relativ zufällig war und wie sie das Gelernte bei ähnlichen Sprechanlässen in modifizierten Situationen transferieren können. L. G. Alexander[51] nannte Situationen, wo das „setting" ziemlich unwichtig ist (z. B. Introducing/being introduced) recht treffend „*limbo situations*". Hier wird der Transfer relativ leicht zu bewerkstelligen sein. Je konreter aber die Situation war, mit der wir es in der Darbietungsphase zu tun hatten, (Alexander nennt sie „*concrete situations*") desto festumrissener waren die „language needs", die wir lehrten (z. B. Ordering a meal, buying a railway ticket). Freilich können wir auch hier manche Elemente transferierbar machen; z. B. können wir bei „Ordering a meal" generalisieren: einen Wunsch äußern zu können; einen unbekannten Ausdruck erfragen zu können; um Rat bitten zu können; Unschlüssigkeit bekunden zu können; evtl. sich beschweren zu können. Oder wir können bei „Buying a railway ticket" generalisieren: nach dem Preis fragen können; nach einem Zeitplan fragen können. Leider lassen manche Lehrbücher den Lehrer bei dieser Art von Lernzielgeneralisierung im Stich und es bleibt ihm selbst überlassen, ein *generalisiertes Praxeogramm*[52] herauszuarbeiten: um welche speziellen Aktionen, Interaktionen und Entscheidungen ging es? Wo finden ähnliche sprachliche Aktionen statt? Mit welchen Personen (sog. „Interaktanten") finden sie statt? Welche sprachlichen Handlungsabläufe, welche Entscheidungen werden dort wieder auftauchen?

Wie wir hier schon sehen, besteht der zu übende Transfer nicht nur im Auswechseln der „Kulissen", sondern im Herausarbeiten eines bestimmten Diagramms für den Ablauf von „speech acts", das jeweils *bei bestimmten Entscheidungspunkten neue Entscheidungsmöglichkeiten* in sich birgt. Solche Verlaufsskizzen, die jetzt auch häufig als „flow charts" bezeichnet werden, müssen hinter realistischen Dialogen erkennbar sein, und in dieser Phase unserer Unterrichtsplanung transparent gemacht werden (von „role-playing" zu „role-making"). Wir werden bei der Besprechung des Dialogs nochmals auf diesen Punkt zurückkommen.

---

51 Alexander, L. G. (1976), pp. 89—103
52 Notwendigerweise können wir hier den Begriff des „Praxeogramms" nur sehr allgemein erläutern; der Leser sollte die Entwicklung des Begriffs nachlesen bei: Ehlich, K./Rehbein, J. „Zur Konstitution pragmatischer Einheiten in einer Institution: Das Speiserestaurant" in Wunderlich, D., Hrsg. (1972), SS. 209—253

3.5.2 Das Schülerverhalten bei „Transfer und Kommunikation"

Wie wir in Band 1 schon dargestellt haben (vgl. S. 121), sind es zwei Phasen des Schülerverhaltens, die die Sprachanwendungsphase kennzeichnen: *Transfer und Kommunikation.*
Diese beiden Namen bezeichnen in der Taxonomie des Sprachverhaltens zwei Phasen, deren Ziel es ist, Wissen und Fertigkeiten umzusetzen in kommunikatives Sprachhandeln und kreativen Sprachgebrauch.
Für die erste Phase („Transfer") wird ein allmähliches Umstrukturieren der Situation (wie wir sie in der Sprachaufnahme dargeboten haben) erfolgen; es wird erwartet, daß der Lernende bekannte Elemente in veränderten Situationen versteht und daß er selbst in strukturierten Situationen Rollen übernimmt, die aber vom Lehrer noch zu einem erheblichen Teil vorausgeplant sind, so daß das *Schülerverhalten* nur als *quasi-frei* bezeichnet werden kann. Auch im Hinblick auf „reporting through language" werden am ursprünglichen Text nur partielle Änderungen vorgenommen, ohne daß es bereits zu völlig freien „productions" kommt.
Die zweite Phase („Kommunikation") unterscheidet sich darin, daß der Lehrer fast keinerlei „guiding" mehr vornimmt. Der Schüler sollte nun „ungraded material" verstehen können (wobei natürlich immer nur an neugeordnetes Material gedacht ist, das seiner Lernstufe entspricht); er soll in der Lage sein, Rollen oder Texte so abzuändern, daß sie seinen eigenen Bedürfnissen und Wünschen entsprechen. Hier geht es nun um das, was wir als „communicative exercises" bezeichnen wollen.

3.5.3 Fehlerbewertung, Fehleranalyse und Fehlertherapie

Während das Sprachverhalten der Lernenden in der Sprachaufnahmephase und in der Sprachverarbeitungsphase als „controlled behaviour" anzusehen ist (vgl. Band 1, S. 120), soll es nun mehr und mehr „pupil-controlled" werden.
Warum ist dieser Wechsel nötig, warum setzen wir damit den Lernenden auch der Gefahr aus, daß er *Fehler* macht?
Nun, daß im FU auch Fehler gemacht werden dürfen und sollen, daß das Gängelband lineare Lernprogramme nicht zum freien Sprachgebrauch führt, hat sich mittlerweile herumgesprochen. Bezeichnend dafür ist z. B. die Überschrift für das 6. Kapitel des Buches „Error Analysis"[53], das die provozierende Feststellung trifft „You can't learn without goofing". Aber zurück zu unserer Frage, wieso jetzt „controlled learning" *langsam* aufzugeben ist; D. A. Wilkins[54] hat darauf eine präzise Antwort gegeben:
„For language learning to be entirely effective the learner must be provided

---

53 Richards, J. C. (1974)
54 Wilkins, D. A. (1974, reprinted 1975)

with opportunities to choose freely not only from among the forms that are the immediate subject of the teaching but from all the forms of language that have been learned up to that point. Without such opportunities the learner will never master the creative use of language and this, as we have seen, is how his achievement is ultimately to be judged.

There is another reason, linguistic rather than psychological, why controlled language use does not ensure learning. As has been noted, imitation ensures that correct forms are produced, but it does not tell the learner anything about the boundaries of correctness. If he is expected only to experience those occasions where a particular form is correctly used, he cannot know what would be the occasions when it would be incorrect to use it. No matter how many words like *narrow, shallow* and *likely* are presented to the learner in the comparative forms *narrower, shallower, likelier,* and no matter how many times he repeats these and other correct forms, he will not know that many other disyllabic adjectives, such as *useful, solid,* and *childish* cannot form their comparatives morphologically. No-one is likely to use controlled language teaching deliberately to induce such incorrect forms. It follows that the only way that the learner will discover that such forms are not possible is when he makes mistakes with them in his free use of language. For this reason too, therefore, it is essential that adequate opportunity for free use of language be provided as part of the language-learning process.

This further implies that mistakes are an inevitable and indeed necessary part of the process of learning a language."

Natürlich müssen auch hier Fehler korrigiert werden; entscheidend ist aber die Frage der *Fehlertoleranz*. Wenn wir einmal hinnehmen, daß wir nur durch Fehler (z. B. durch trial and error) zum freien Sprachgebrauch kommen, wenn wir außerdem den Fehler des Schülers nicht als persönliche Beleidigung oder Provokation ansehen, so müssen wir uns immer noch mit der Frage auseinandersetzen, wieviel wir an welcher Stelle „durchgehen" lassen sollen oder dürfen. Daß überhaupt Fehler auftauchen (vgl. auch 3.4.13), kann u. a. seinen Grund darin haben,

- ▶ daß der „mother tongue pull" stärker war („interlingual" bedingt);
- ▶ daß ein gelerntes Verhalten in der L_2 übergeneralisiert wird, z. B. wenn der Lernende „usefuller" bildet („intralingual" bedingt);
- ▶ daß ein Regelwissen nicht zu einer kognitiven Handlungsstruktur ausgebildet wurde (Mangel an Kompetenz);
- ▶ daß der Lernende zu lange durch die Lehrstrategie ohne Überblick gelassen wurde und sich aufgrund seines „language acquisition device"[55] seine eigene,

---

[55] vgl. dazu: van Ek, J. A. Linguistics and Language Teaching. In: Iral, Vol IX/4, Nov. 71, pp. 322—323

hier jetzt fehlerhafte Regel abgeleitet hat (Hypothesenbildung durch Schüler);
▶ daß der Lernende im Augenblick des Produzierens abgelenkt wurde, sich evtl. emotional zu sehr mit seiner Aussage engagierte, evtl. ermüdet war, oder ängstlich wurde. All dies führt zum Phänomen „Flüchtigkeitsfehler" (= augenblickliche Fehlleistung im Performanzbereich), das noch kein Linguist oder Psychologe zufriedenstellend erklären konnte.

Solche Fehlerursachen können u. a. zu Auslassungsfehlern, Hinzufügungsfehlern, Selektionsfehlern oder Stellungsfehlern führen.
Aber kommen wir zurück zum wichtigsten: der *Fehlerbewertung:*
für die *Sprachverarbeitungsphase* sind die Kriterien „fluency" und „accuracy"; an diesem didaktischen Ort muß mit pädagogischen Geschick das Fehlerverhalten durch richtiges „feedback" (evtl. auch bewußtes Kontrastieren) auf seiten des Lehrers korrigiert werden.
Für die *Sprachanwendungsphase* muß hingegen eine andere Fehlerbewertung gefordert werden (vgl. auch Band 1, S. 13): hier sind die Kriterien — je mehr wir uns der Phase der Kommunikation zuwenden — „comprehensibility" und „correct choice". Hier geht es um die dem „context of situation" *angemessene* (= appropriate) Auswahl von sprachlichen Elementen. Wann z. B. sage ich bei einer Vorstellung zu einem Partner „Hello", wann „How do you do?"? Häufig sind Fragen der Angemessenheit (appropriacy) für kommunikativen Erfolg mindestens ebenso wichtig wie Sprachrichtigkeit. Dabei soll nicht übersehen werden, daß kleinere Verstöße gegen die Sprachrichtigkeit oft durch den „context of situation" und durch sprachliche Redundanz (vgl. S. 110) ausgeglichen werden. Wie darüber hinaus empirische Untersuchungen gezeigt haben, sind deutsche Lehrer bei Verstößen gegen grammatische Normen viel kritischer als ihre englischen Kollegen, die hier ein größeres Maß an Fehlertoleranz aufbringen.
Teachers of languages, including all varieties ranging from that poor hack, the language-teacher, to one who holds a chair of, say, English in some university (at home or abroad), generally miss this fundamental point. They look upon the language as a *code* or as a *subject* or as a *literature* — in short as something to be learned or studied, whereas a language is rather something to be *used*.
All these teachers stress unduly the element of accuracy — they are for ever striving to prevent their pupils from making what they call mistakes in grammar, vocabulary, pronounciation, or spelling; . . . That is the burden of their teaching. All because they fail to grasp the fact that language is in its essence nothing other than a series of acts of communication" (a. a. O., S. 33/34).
Schwere Fehler sind also in dieser Phase nur jene, die gewünschte Kommunikation verhindern oder den Partner stark irritieren. Alles andere ist noch *akzeptabel*.

---

56 Palmer, H. E. and Redman, H. V. (Reprint 1969)

Freilich soll der Schüler erkennen, daß *schwere* Verstöße gegen Sprachrichtigkeit und sprachliche Angemessenheit den Partner so stören können, daß er den Sprecher/Schreiber nicht als sozial ebenbürtig akzeptiert. „Der *Erfolg* oder *Mißerfolg* von Sprechakten hängt also nicht nur von „comprehensibility", sondern auch von „accuracy" und „appropriacy" ab.

Schwere Fehler in der *Sprachverarbeitungsphase* sind darüber hinaus jene, die uns zu der Annahme führen, daß der Schüler dazu neigen wird, sie zu wiederholen (z. B. falscher Gebrauch von „to do"). Am meisten verdient ein Fehler als „leicht" eingestuft zu werden, wenn er aus zuviel Mut am Kreativen entstanden ist.

Ganz kurz noch einige Hinweise zur Fehlertherapie: Wir werden u. a. die Entstehung von Fehlern eindämmen können,

— wenn unser Unterricht *kognitive Hilfen gibt;*
— wenn wir negativen Transfer durch größtmögliche *Einsprachigkeit* zurückdrängen;
— wenn wir intralinguale Fehler durch *frühzeitigen Kontrast* (z. B. he sings vs. he can sing) begegnen;
— wenn wir durch sinnvolles *„remedial work"* sowohl die Konstruktion der sprachlichen Form wie auch den Gebrauch dieser Form durch „trial and error" einüben lassen.

Notgedrungen war unsere Abhandlung über Fehleranalyse, Fehlerbewertung und Fehlertherapie im Rahmen dieses Buches sehr gerafft. Dem Leser sei u. a. ein genaueres Studium dieser Probleme bei H. V. George (1972) und bei Jack C. Richards (1974) empfohlen.

Kehren wir jetzt zu der Untersuchung der zwei Phasen (Transfer/Kommunikation) im Rahmen der Anwendungsphase zurück.

3.5.4 Der Begriff „TRANSFER" aus der Sicht der Lernpsychologie

In welcher Beziehung stehen diese Bezeichnungen für das Schülerverhalten zu dem Begriff *„Transfer"*, wie er in der Lernpsychologie gebracht wird? Der Begriff „Transfer of Training" kann grundsätzlich in zweifacher Bedeutung angewandt werden[57]:

a) Er impliziert, daß das Erlernen einer Fremdsprache das Erlernen einer zweiten Fremdsprache erleichtert.
b) Er beinhaltet die Tatsache, daß „transfer of training" ein notwendiger Teil des Sprachlernprozesses selbst ist.

---

57 vgl. dazu: Politzer, R. L.: Some Reflections on Transfer of Training in Foreign Language Learning. In: IRAL, Vol. III/3. 1965, pp. 171—177

Im Folgenden beschäftigen wir uns mit dem Begriff „Transfer", wie er unter b) definiert wurde.
Worin besteht nun der Prozeß des Übertragens im Englischunterricht?
Zunächst einmal wohl darin, daß der Lernende auf der Basis bekannter Ausdrücke (Lexis) und eingeübter Satzbaumuster (Grammar) eine Vielzahl neuer Redewendungen produzieren kann. Schon H. E. Palmer[58] sprach davon, daß wir den Lernenden dazu bringen müssen, daß aufgrund der *primary matter* (des Zuerstgelernten) neue Sätze (= secondary matter) gebildet werden. Das Ziel ist also, daß die in der Verarbeitungsphase gelernten Grundelemente in modifizierten Situationen in neue Sprechäußerungen umgewandelt werden. Was ist dabei zu beachten?

Wie die Versuche von Carroll — Sapon[59] nachgewiesen haben, geht dieser Prozeß bei jenen Schülern am besten vor sich, die den *Prozeß der Substitution und Transformation innerhalb der L_2* unter Ausschluß der Muttersprache *bewerkstelligen*. Also spricht auch die Transferphase dafür, daß wir unseren Englischunterricht möglichst *einsprachig* durchführen, weil dann auch Aussicht besteht, daß in dieser Phase der sog. „negative transfer" aufgrund von Gewohnheiten der L_1 zurückgedrängt wird.

Gegen diesen Hintergrund haben wir bereits früher (vgl. 3.2.1.) gefordert, daß jetzt der Lernende in *Generative Drills* das übt, was Politzer[60] wie folgt beschrieben hat: „What I am suggesting, then, is simply that the foreign-language student be taught substitution and transformation not as a way of getting him to produce more sentences, but as a method for him to generate new sentences from familiar ones. This shift of emphasis could be achieved not only by teaching substitution and transformation as devices for structural analysis, but by showing how they constitute a method of generating speech in situations which in some respect resemble the ones with which familiar speech patterns have already been associated. Thus a grammatical substitution exercise may take the form of changing a short conversation between, let us say, an officer and a soldier to one between a professor and his assistant or a teacher and his student. Or a series of statements expressing a strongly affirmative stand on a subject could be transformed into another series reflecting a doubtful or questioning attitude. To use Thorndyke's derivation of transfer from the partial identity of certain elements in the new and old situation, such exercises would make clear that partial similarity in the semantic realm is accompanied by partial similarity in the realm of structure, and that transformation and substitution are the devices by which the old and familiar is retained at the same time that the new and different is being created."

---

58 Palmer, H. E. (1917, reprinted 1968), S. 76 ff.
59 zitiert nach Politzer, R. L. (1965)
60 Politzer, R. L. (1965) pp. 175/176

Wie können wir nun einigermaßen sicherstellen, daß unsere Schüler den Mut und die Fähigkeit bekommen, durch substitution/transformation/recombination zum kreativen Sprachgebrauch vorzustoßen? Welches sind die lernpsychologischen Grundsätze, die wir dabei zu berücksichtigen haben? Wie kommen wir zu einem transfer-fördernden Fremdsprachenunterricht (vgl. auch Band 1, S. 106), wenn wir wissen, daß sich die *Lernübertragung nicht von selbst einstellt,* sondern vorbereitet werden muß?
Dieser Frage ist u. a. C. F. van Parreren[61] nachgegangen. In seiner Untersuchung hat er nachgewiesen, daß es nicht so sehr auf den Charakter des Lernstoffes ankommt, als vielmehr auf die Art und Weise des Lernens. Er setzt sich aufgrund seiner Versuche dafür ein, nicht jedes Lernresultat als eine Häufung von S-R Koppelungen anzusehen (a. a. O., SS. 346/347), sondern die Art der *Handlungsstrukturen* zu betrachten (vgl. Band 1, S. 111), die durch das Lernen aufgebaut worden sind. Dabei kommt er einmal zu dem Schluß, daß das *Handeln aufgrund von kognitiven Handlungsstrukturen* weitgehend *Interferenz* (= negativer Transfer) ausschließt; zum anderen fordert er, daß unser Unterrichtsprozeß Handlungsstrukturen entstehen läßt, die wandlungsfähig sind, weil sie ohne zusätzliche Lernprozesse (a. a. O., S. 141) die Fähigkeit implizieren, das Gelernte bei neuen Aufträgen erfolgreich und selbständig anzuwenden.
Welche Handlungsstrukturen sind aber nun besonders wandlungsfähig? Parreren weist nach, daß es wiederum *kognitive Handlungsstrukturen sind, die* im besonderen Maße *wandlungsfähig sind.* Er schreibt: „Die Wandlungsfähigkeit kognitiver Handlungsstrukturen beruht also darauf, daß das kognitive Schema eine breitere Verwendungsfähigkeit besitzt als nur für diejenige Handlungsstruktur, in der es im vorangegangenen Lernprozeß erworben wurde. Wie breit diese Verwendungsmöglichkeit ist, das hängt von der Art des kognitiven Schemas ab. ... Im Vergleich mit nicht-kognitiven Handlungsstrukturen sind kognitive ... wandlungsfähiger" (a. a. O., S. 103).
Das bedeutet nun freilich nicht, daß nicht-kognitive Handlungsstrukturen keinerlei Transfermöglichkeiten eröffneten. Wie Parreren im dritten Kapitel aufzeigt, gibt es sog. „Valenzhandlungen" und „Bewegungsstrukturen", wo eine Wandlungsfähigkeit ohne kognitive Zwischenprozesse möglich ist, weil der Lernende in der neuen Situation bestimmte Gegebenheiten wahrnimmt, die ihn zu gewissen stereotypen Handlungen befähigen (vgl. dazu unsere Ausführungen zur sog. Signalgrammatik in Band 1, S. 65). Diese Valenzhandlungen bleiben allerdings aus, wenn sich das Wahrnehmungsfeld in der neuen Situation stark verändert; der Transfer ist dann unmöglich geworden (a. a. O., S. 239). Wir können also im FU diese Valenzhandlungen nur als *eine* Art von Transfer ansehen und sie dann einüben, d. h. herbeiführen, wenn wir die *Veränderungen* in der neuen Situation *geringfügig* halten.

---

61 van Parreren, C. (1966), SS. 346/347

Ebenso ist die Wandlungsfähigkeit bei Handlungen aufgrund einer sog. „Bewegungsstruktur" (wobei es weitgehend um *motorische* Fertigkeiten geht) sehr gering; es gibt zwar eine gewisse motorische Transponierung (vgl. Parreren, S. 254/255), weil eine Wandlungsfähigkeit aufgrund figuraler Äquivalenz vorhanden ist. Auch hier handelt es sich mehr um eine *Vorstufe* des eigentlichen Transfer. Im FU könnten z. B. gewisse Schreibübungen beim „sentence switchboard" als Beispiel dafür angeführt werden (vgl. Band 1, S. 79).
Wirklicher Transfer aber wird sich nur einstellen können, wenn die in unserem Lernprozeß aufgebaute Handlungsstruktur eine *Einsicht* hervorruft, die dann zum Transfer befähigt.
Daraus ist der wichtige Schluß zu ziehen, daß *Transfer auf verschiedenen Ebenen erfolgen kann;* wir können durch leichte Abänderungen der ursprünglichen Situation ein Sprachverhalten in neuen *Minisituationen* einüben. Übungen dazu bieten z. B. die Tonbandübungen für das Sprachlabor der Filmreihe „Speak Out", die durch das Institut für Film und Bild in Wissenschaft und Unterricht (8022 Grünwald, Bavaria-Film-Platz 3) zu beziehen sind.
Wir können neue Situationen unter Einsatz von visuellem Material herstellen. Auf der Hafttafel, durch Zeichnungen oder durch Diapositive können einfache Veränderungen durchgeführt werden, bei denen das visuelle Material Situationsauslöser ist und der Lernende jetzt entsprechende Abänderungen am „sentence-switchboard" durchführt.
Und schließlich müssen wir Übungen bereitstellen, in denen die ursprüngliche Situation so verändert wurde, daß der Lernende die Äquivalenz selbst entdecken muß; hier muß er aufgrund einer kognitiven Handlungsstruktur gewisse Grundprinzipien anwenden und mit deren Hilfe eine passende Lösung für die neue Situation finden. Hier werden „role-making situations" (vgl. 5.2.5) im Fremdsprachenunterricht den Abschluß einer Transferübungsreihe darstellen können, ebenso wie schriftliche Übungen, wo neue beschreibende oder erzählende Texte zu produzieren sind[62]. Entscheidend ist, daß wir durch solche Übungsformen den Transfer anbahnen, weil der Lernende *durch seine Anstrengung und durch unsere Ermutigung* die identischen Elemente (= Äquivalenz der Situation) entdeckt; halten wir fest: Transfer stellt sich *nicht* automatisch beim Vorhandensein von identischen Elementen ein, sondern ist abhängig von der Person, die die Identität erkennen kann und will. Wir müssen also Mut machen zum Entdecken von Äquivalenzen, wir müssen den Lernenden erfahren lassen, daß Transfer trainiert werden kann (vgl. dazu 3.5.5 und 3.5.6).
Was für Konsequenzen hat das?
Wir dürfen ein gelerntes Element nicht „situationsfixiert" belassen; wir müssen dem Lernenden Gelegenheit geben, nicht nur intensiv ein Sprachverhalten zu

---

[62] vgl. dazu auch: Gesammelte Aufsätze zum Transfer, Heft 20, herausgegeben von J. Albert und B. Schneider, 1973

üben und dessen Regelcharakter zu internalisieren, sondern ihn auch *zur Reflexion der dabei gelernten kommunikativen Fähigkeiten führen*. Nur so dürfen wir hoffen, daß der Lernende über „guided responses" zur freien Sprachanwendung verstößt.

Zum Abschluß dieser knappen und gerafften Darstellung des Problems „*Transfer*" in lernpsychologischer Sicht ein Wort der Warnung an den noch unerfahrenen Lehrer: so wichtig es ist, daß wir zum Transfer vorstoßen, so entscheidend ist es dabei aber auch, daß wir dies *etappenweise* realisieren.

Wir haben bereits darauf hingewiesen, daß *Transfer auf mehreren Ebenen* möglich ist. Es gilt bei jeder Planung eines Lernzyklus, diese Ebenen graduell zu durchlaufen. Denn weder stellt sich Transfer von selbst ein, so haben wir versucht aufzuzeigen (man muß diese Fähigkeit trainieren), noch aber erreichen wir Transfer, wenn wir unmittelbar nach der Verarbeitungsphase sofort zum freien Sprechhandeln Anlaß geben. Auch hier braucht alles seine Zeit, um heranreifen zu können. So ist es bedauerlich, daß z. B. die meisten Unterrichtsfilme der neuen Reihe „Speak Out" innerhalb von 20—25 Minuten erwarten, daß der Schüler die drei Phasen:

▶ Verstehen einer Rolle;
▶ Nachsprechen und Verarbeiten einer Rolle;
▶ Transfer (freies Sprechen bei Übernahme einer Rolle)

meistert.

Hier muß der Film nach der zweiten Phase unterbrochen werden; erst nach intensivem Kontaktunterricht und zusätzlichen Übungen im Sprachlabor kann dann die dritte Phase erfolgreich durchlaufen werden.

Je lernschwächer unsere Gruppe ist, desto sorgfältiger sind die einzelnen Etappen des Transfer zu gestalten. Aus diesen pädagogischen Überlegungen heraus schien es uns auch vertretbar und sinnvoll, bei der Taxonomie des Sprachverhaltens (vgl. Band 1, S. 120/121) den lernpsychologischen Oberbegriff „*Transfer*" aufzuspalten und im Sinne einer *Progression* zu unterteilen in Transfer (1. Phase) und in Kommunikation (2. Phase). Beide Phasen zusammen beinhalten das, was die Lernpsychologie unter *Transfer* versteht.

3.5.5 Übungsmöglichkeiten in der Sprachanwendungsphase

Haben wir bislang versucht darzustellen, *was* in der Sprachanwendungsphase geübt werden soll, so ist es jetzt unsere Aufgabe, der Frage nachzugehen, *wie* in dieser Phase *geübt werden soll*.

Ziel dieser Übungsphase ist es, daß der Lernende erlebt, *für welche Funktionen er* das gelernte Sprachmaterial *verwenden kann*.

Nachdem jetzt die „*Uses of Language*" im Vordergrund stehen, werden sich notwendigerweise die Übungsformen über mehrere Sprachsysteme erstrecken; ebenso werden wir uns auch noch fragen müssen (vgl. dazu 3.5.7), welche *Sozialformen* des Unterrichts nun besonders einzuplanen sind. Werfen wir aber zunächst einen Blick auf die Übungsformen.

Bereits früher (vgl. 3.2.1) hatten wir erwähnt, daß für diese Phase bestimmte *Generative Exercises* spezifisch sind.

Als ein Beispiel dafür hatten wir schon (3.2.1) die *fluency exercises* vorgestellt. Hier geht es darum, daß bestimmte *Sprechäußerungsmuster,* die *alle* jeweils für *ein* spezielles *kommunikatives Bedürfnis* möglich sind, in mündlichen Übungsverfahren eingeübt werden; wobei wir in der Regel davon ausgehen, daß im Text selbst nur *eines* der im sentence switchboard erscheinenden Beispiele vorkam. Die anderen Varianten wurden entweder vom Lehrer vorgegeben oder mit der Klasse erarbeitet.

Hier ein Beispiel für eine kontextualisierte Übung: Grobziel: „Disagreeing with people"

Tafelanschrift oder Tageslichtprojektor:

You			I think there's another point of view.
He	may be right	but	I doubt if it is as simple as that.
She			there are two sides to the question.
They			I suppose one could see it in a different light.

$\}$ B

Dazu müßten im Kontext einer Minisituation die möglichen Reaktionen des Partners bereitgestellt und eingeübt werden:

Well-	come to think of it	perhaps	that was a bit one-sided.
Ah-	thinking about it		that was a bit hasty.
hm-			that was somewhat biased.

$\}$ A_3

Der Lehrer schreibt dazu als Ausgangssituation an die Tafel, was der eine Partner ursprünglich behauptete, z. B.:

The film The book The party The tour	was	enjoyable super terrific very interesting	wasn't it?	A_2

Evtl. dazu noch den Vorspann (wobei dann oben der „tag" zugedeckt wird):

Jim said ... Alice claimed ... The Browns maintained ...	A_1

Die Übung, an der in mehreren Durchgängen immer zwei verschiedene Schüler beteiligt sind, verläuft dann z. B. so:
Pupil A: Jim said the party was super (A_1 + A_2)
Pupil B: He may be right but I suppose one can see it in a different light. (B)
Pupil A: Well, come to think of it, perhaps that was a bit one-sided. (A_3)
Wichtig ist, daß alle Sätze der sentence-switchboards im Durchlauf eine Minisituation ergeben. Benutzt der Lehrer dabei einen Tageslichtprojektor, so kann er im Verlauf der Übung den „visual support" „verdünnen", indem er immer größere Teile bei den einzelnen switchboards zudeckt bzw. auslöscht.
In dieser Phase können auch einfache substitution tables eingesetzt werden, um ein *Wortfeld* einzuüben, z. B.:

She was wearing	a jump suit a trouser suit a skirt and a blouse a plain summerdress a denim skirt and a T-shirt

Natürlich können hier auch nochmals „flash cards" verwendet werden[63]. Hierzu ein Beispiel:
Einzuübende Sprachmuster:

No, I don't like drinking ...   evtl. an der
I'd rather drink ...   Tafel vorgeben

---

[63] Man könnte diese — vorab im Anfangsunterricht — u. a. zur Rechtschreibübung heranziehen: Wir zeigen kurz die Karte mit dem Schriftbild (evtl. gekoppelt mit Zeichnung zur Erinnerung an den Wortinhalt), legen sie weg, die Schüler schreiben das Wort, sehen dann die Karte nochmals zur Korrektur des Geschriebenen.

Übungsverfahren:

> Teacher: Do you like drinking beer?
> Pupil: No, I don't like drinking beer.
> Lehrer zeigt flashcard mit Coca Cola Glas
> Pupil: I'd rather drink Coca Cola.

Mit Hilfe solcher Bildkarten lassen sich auch längere Dialogteile gut abwandeln, wobei das Bild jeweils als „stimulus" eingesetzt wird.
Aber auch in der anschließenden „Kommunikationsphase" kann ein Bild oder eine Bildreihe als „stimulus" eingesetzt werden (z. B. ein Verkehrsunfall); es wird als Ausgangspunkt für einen Dialog angeboten oder der Schüler versucht, anhand des Bildes einen kurzen Bericht zu erstatten (mündlich/schriftlich). Dabei muß an diesem didaktischen Ort das Bild *keineswegs* völlig *eindeutig* sein; je eher es mehrere Deutungen zuläßt, desto mehr ist es ein wirklicher Sprechanlaß; völlig klare und eindeutige Bilder brauchen wir *nur* bei der Semantisierung, sonst jedoch ist darauf zu achten, daß die *visuelle* die *verbale* Kommunikation nicht überflüssig macht, denn sonst bietet ein Bild keinen Sprechanlaß mehr.
Daß dem Bild auch noch andere Aufgaben in unserem Unterricht zukommen (z. B. Bilder als Andeutung für den situativen Rahmen, als Vermittler para- und extralinguistischer Situationselemente, als Gedächtnisstütze beim Dialog, als motivierender Faktor, als landeskundliche Information), ist evident. Auch wenn es für die visuelle Kommunikation im außerschulischen Bereich recht eindrucksvolle Daten gibt, die wir bereitwillig im Folgenden zur Reflexion weitergeben, muß für den FU doch primär davon ausgegangen werden, daß das Bild *eine Hilfsrolle* zu übernehmen hat; man darf es weder mit zuviel Kommunikationsfunktionen beladen (wie bei manchen Lehrwerken des „Audio-Visual-Approach"), noch darf es vom Wortbild und Klangbild ablenken (wie bei manchen Schulfernseh- und Filmprogrammen). Die folgenden Daten beziehen sich auf allgemeine Lernprozesse, *keineswegs* auf den FU.
Danach lernt der moderne Mensch[64]:

1 % durch Schmecken
1,5% durch Berühren
3,5% durch Riechen
11 % durch Hören
83 % durch Sehen

Ebenso speichern wir Information, die uns je nach Darbietungsart angeboten wurde, wie folgt:

---

[64] entnommen: Novicicov, E. On the Role and Place of Image in the process of Teaching Foreign Languages. In: Funktionen und Leistungen des Bildes im Fremdsprachenunterricht (Werkstattgespräche), Goethe-Institut München (1971), pp. 12—20

10% von dem, was wir lasen;
20% von dem, was wir hörten.
30% von dem, was wir beobachteten;
50% von dem, was wir beobachteten und hörten;
70% von dem, was wir selber gesprochen haben;
90% von dem, was wir gesprochen und praktisch ausgeführt haben.

Dabei behalten wir:	nach drei Stunden	nach drei Tagen
A: bei nur mündlicher Darbietung	70%	10%
B: bei nur visueller Darbietung	72%	20%
C: bei audio-visueller Darbietung	85%	65%

Allerdings ist dabei, wie E. Novicicov betont, folgendes zu beachten: „Obviously, these figures show the formal informational bulk that cannot be equated with the meaning and with the value it has for the receiver. For that reason the above figures are not proportional to the volume of teaching information received by the student in the process of learning (there is no instrument whatsoever for measuring the teaching information)" (a. a. O., S. 13).

Wird das *Bild* als *Sprechanlaß* bei der *Entwicklung eines Dialogs* herangezogen, so müssen wir bei unserer Planung bestimmte Faktoren berücksichtigen, die man als *pragmatische Faktoren der Kommunikation*[65] bezeichnet: wir müssen überprüfen, ob das Bild etwas aussagt über:

a) die Intention der Sprecher
   (Sprechabsichten = verbal purposes, vgl. Band 1, S. 16);
b) die „psychological roles" der Sprecher
   (selbstbewußt, diensteifrig, etc.);
c) das „setting" (Zeit, Ort, Raum)
d) die „social roles" (Wie ist das Rollenspiel angelegt? Was wissen die Sprecher voneinander?);
e) die *Handlungsantizipationen* der Figuren (Welche Erwartungen haben sie? Welche Reaktionen sind zu erwarten?).

Je mehr die Schüler selbst den Dialog frei gestalten können und sollen, um so mehr werden natürlich ihre Vorerfahrungen selbst eine Rolle spielen und die Bildinformation zurückdrängen.

Natürlich kann das Bild durch Hinzufügen von Denkblasen so differenziert werden[66], daß sich die Konstellation der pragmatischen Faktoren verschiebt.

---

[65] Maas, U./Wunderlich, D. (3. Aufl. 1974), S. 71 ff.
[66] vgl. dazu: Köhring, K. (1975), S. 31 ff.

Kehren wir aber jetzt zu *anderen Möglichkeiten zurück,* wie die *Anwendungsphase gestaltet werden kann.*

Eine weitere Übungsform stellen die bereits früher erwähnten *Kontextualisierungsübungen* dar. Sie eignen sich besonders für die Arbeit im Sprachlabor[67].

Beispiel:

Ein oder zwei Antwortmodelle werden vorgegeben; bei zwei verschiedenen Modellen — z. B. ein Angebot annehmen oder ablehnen — muß dann ein akustisches Signal klarstellen, welches Verhalten gewünscht wird. Hier ein Beispiel aus einer Tonbandübung:

Lernziel: jemandem beipflichten können

Schritte

Mrs. Webster: Well, this is our garden.

Ein paar Schritte weiter/Wasser plätschert

                Here's the pride of Charles and Tom: our swimming-pool. It will be nice to swim in it in summer.

Bing/Pause

Frank: Yes, it certainly will.

Schritte

Mrs. Webster: Here's our hall. Look at that vase. Tom made it himself. It was a lot of work, but it was worth the trouble, wasn't it?

Bing/Pause

Frank: Yes, it certainly was.

Schritte

Mrs. Webster: This is our living-room. We've got a splendid view of the North Sea from the windows. You like the curtains, don't you? I made them myself. They are pretty, aren't they?

Bing/Pause

Frank: Yes, they certainly are.

Eine weitere und wichtige Übungsform in dieser Phase dient der Erweiterung und Differenzierung des Wortschatzes; man könnte als Aufhänger für diese Übungsform den Ausdruck *„concept-teaching"* verwenden. Durch den starken Einfluß des „structural view of language teaching" ist die Lexis in den vergangenen Jahren etwas in den Hintergrund gedrängt worden.

Wenn wir heute wieder stärker die „social and communicative needs of the learner" in den Mittelpunkt unserer Zielvorstellungen rücken, erscheint die Bedeutung der Lexis in einem neuen Licht. Mit Recht schreibt deshalb D. A. Wilkins[68]: „However we need not accept the neglect of vocabulary that this has led

---

67 vgl. dazu: Schrand, H. (1975), SS. 166—176
68 Wilkins, D. A. (reprinted 1973)

to. In the first place we can question whether grammar must always dominate vocabulary. Secondly we must acknowledge that there is a tradition of vocabulary study, stemming from what might be called pre-structural days ..." (a. a. O., S. 109). Und ein wenig später stellt er fest: „... we could not accept that vocabulary would be initially less important than grammar. The fact is that while without grammar very little can be conveyed, without vocabulary *nothing* can be conveyed. What we normally think of as ‚vocabulary items'- nouns, verbs and adjectives — do indeed contain more information than is carried by grammatical elements" (a. a. O., S. 111).
Wir üben beim sog. „concept-teaching":

a) die möglichen *Erweiterungen* eines Lexems, das im Text neu vorkam (z. B. board als Brett im Text; dazu jetzt board of directors, to go on board the ship, board and lodging, above board, etc.)
b) die evtl. *Einengung* eines Begriffes, der im Text vorkam (z. B. cushion vs. pillow)
c) *Differenzierungen* eines Lexems, z. B. wenn „bring" im Text vorkam:

Divergenz { Bring me the book / Fetch me the book / Take the book to

Wenn „brush" im Text vorkam:

Konvergenz a brush → to clean your clothes with / → to paint the fence with

Besonders gegen Ende der Sekundarstufe I sollte hier auch bei lernstärkeren Gruppen die Synonymik in der Form von *„Precision Exercises"* geübt werden. Nehmen wir an, im Text sei das Verbum „protect" vorgekommen. Diesen Begriff können wir differenzieren (wobei „protect" als das „most general word" fast immer auch paßt) und zur Präzision des Ausdrucks anbieten: to guard / to shelter / to shield / to defend.

Wir sehen also, daß die Stellung des einzelnen Wortes in dem entsprechenden sprachlichen Feld der beste Weg ist, seine *präzise* Bedeutung zu erfassen. Nun können wir natürlich im Anfangsunterricht nicht bei jedem neuen Lexem das entsprechende semantische Feld lehren. Häufig wird jedoch in der *zweiten Hälfte* der Sekundarstufe I diese notwendige Abrundung der Lexisarbeit — die zumindest bei lernstärkeren Gruppen realisierbar ist — zugunsten von elaborierten Strukturen verdrängt. Peter Doyé[69] bringt in seiner Untersuchung zur Wortschatzvermittlung auch eine Reihe von Anregungen für diese Art von Arbeit mit der Lexis.

---

69 Doyé, P. (1971)

Natürlich kann jetzt der *narrative Teil* der Lektion nochmals zu Übungen verwendet werden:

a) der Text kann als „summary" in *kondensierter* Form wiedergegeben werden (mündlich/schriftlich)
b) der Text kann *erweitert* werden; so kann z. B. eine anspruchslosere Erzählung durch die Vorgabe von idiomatischen Ausdrücken lebendiger werden. Z. B. Auftrag: Insert into the text:
 „On the contrary ...
 In my opinion ...
 I assume ...
 Generally speaking ...
 If I were you ..." etc.
c) der Text kann nacherzählt werden, evtl. mit veränderter Erzählperspektive. Mit Hilfe des Tageslichtprojektors können immer mehr Textteile abgedeckt werden, so daß wir mit abnehmendem „Guiding" die Vorlage verdünnen und zu einem quasi-freien Nachsprechen (oder Nachschreiben) gelangen.

Natürlich gehören in diese Phase auch alle *hörspielartigen Übungen,* wo wir die *Kernszene* einer Lektion oder einer Schulfunksendung nachspielen (Enacting). Auch hier wird ein „Guiding" am Anfang an der Tafel (oder via Tageslichtprojektor) erfolgen müssen. Das Gerüst (= „skeleton") der Szene mit „keywords" (evtl. auch einigen Kollaktionen) wird als Leitfaden dienen. Dabei können bei lernstärkeren Gruppen auch bald Variationen zum Original miteingeplant werden. Über die „dramatization of episodes" schreibt Hilton (1974) recht treffend: „This is yet another instance where items of knowledge are lifted from the context in which they were initially presented, and set to work in new situations. The first dramatic sketches which learners perform must necessarily be dialogues that they have learned; one cannot *invent* knowledge of a language. But they should scarcely ever — preferably never — work from printed scripts, and as soon as possible they should be weaned away from slavish repetition to improvisation — slight changes in the basic situation will often tap the required originality. If ‚parts' are learned from paper at all, they should preferably have been scripted by the pupils themselves — but searching for the right phrase to meet the situation is far more useful than memorization" (a. a. O., S. 85/86).

Die Einübung eines ganzen Theaterstückes oder eines Sketch bleibt dagegen wohl die Angelegenheit einer freiwilligen Projektgruppe. Auch dazu möchte ich Hilton (1974) nochmals zitieren: „An occasional full stage production can do little harm — but care needs to be taken, especially if there are not many speaking parts, to see that there is reasonable linguistic return for the tremendous amount of time and energy involved" (a. a. O., S. 87).

Kehren wir wieder zu prosaischeren Gefilden zurück: Natürlich wird auch in der

Sprachanwendungsphase die gezielte Arbeit mit den neuen Elementen der Grammatik fortgesetzt.

Hier ist im Sinne von Robert Lado der eigentliche Ort für *Pattern Practice*, weil dabei die Aufmerksamkeit des Lernenden vom „Grammatikproblem" abgelenkt wird, indem an allen anderen Stellen das Pattern abgewandelt wird, nur nicht am „problem spot". Somit soll das grammatikalische Problem internalisiert werden, indem jetzt die *inhaltliche* Dimension des Pattern im Vordergrund steht.

Hierzu schreibt Lado (1964) „What is needed is practice that will gradually force the students' attention away from the linguistic problem while forcing them to use language examples that contain the problem. This will engage the habit mechanism and more quickly establish the new habits ... There are many types of pattern practice, but simple repetition and conscious-choice drill on linguistic problems are not pattern practice in this technical sense. These are preceding stages of practice. Pattern practice is rapid oral drill on problem patterns with attention on something other than the problem itself" (a. a. O., S. 105).

Die Übungsarten können die gleichen sein wie beim „Substitution Practice" (vgl. bei 3.4.10), nur sollte weitgehend das „problem" nicht abgewandelt werden. Lado (1964) schreibt dazu eine Begründung wie folgt: „The cues that control the changes in each succeeding response are chiefly *not* at the problem point of the pattern. This may seem paradoxical, but it is in effect a highly important feature of pattern practice. When the student expects a change at the crucial point, his attention will be on it, and his habit system is not involved. By fixing the changes elsewhere, the teacher forces the student to focus his attention away from the crucial point, and to carry the pattern increasingly through habit responses" (a. a. O., S. 106).

Ebenso können manche *Bildergeschichten* zum Transfer eines gelernten Regelverhaltens benutzt werden[70]. Wichtig ist, daß wir diese Bildergeschichten unter einem kommunikativen Aspekt einsetzen; der Schüler soll ja *keine Bildbeschreibung* liefern, sondern ein „reporting by means of language" erzielen. Meist muß der Lehrer einen situativen Aufhänger für die Geschichte „vorspannen", damit der Schüler sich kommunikativ engagieren kann; z. B. „Well, the other day I was sitting in Green Park. And can you imagine what happened? Well — while I was sitting there and looking around I noticed..."

Damit die Schüler nicht nur akzeptable Einzelsätze produzieren, sondern die Satzverbindungen für einen „Discourse" einüben, sollten auch dafür eigene Übungen angesetzt werden. Meist neigen unsere Schüler dazu, bestimmte Verbformen und Pronomina unnötig zu wiederholen. Das Stilelement „Elision" muß genauso geübt werden wie das der „Cohesion". Es geht hier um Übungen zur „Textgrammatik", die alle darauf abzielen, zu üben, wie aus mehreren Sätzen ein zusammenhängender Text wird.

---

[70] Eine Sammlung bietet an: Smith, G. W./Stoldt, P. H. (1968)

Mit ganz schlichten Übungen können wir allmählich ein solches *„Discourse Organizer Concept"*[71] entwickeln; z. B. es werden drei Einzelsätze vorgegeben:

„1) David's father threw the ball.
2) David caught the ball.
3) David threw the ball to Mary.
1. Phase der Umwandlung
1) David's father threw the ball.
2) His son caught it.
3) His son threw it to Mary.
2. Phase der Umwandlung
1) David's father threw the ball.
2) His son caught it and threw it to Mary."

Anspruchsvollere Übungen können Einzelsätze zu einem „Discourse" zusammenfügen lassen, indem concepts wie „Time Sequence" und „Causality" als „Connectives" dienen. Seliger (1971) gibt dazu folgendes Beispiel:

„Initial Model Sentences

1. DDT was sprayed on plants by farmers.
2. The DDT did not disintegrate.
3. The DDT reached rivers and streams.
4. The DDT was carried to lakes.
5. The DDT was absorbed by plants in the lakes.
6. The plants were eaten by small forms of life.
7. The small forms of life were eaten by fish.
8. The fish absorbed the DDT.
9. The fish were caught by men.
10. The men ate the fish.
11. The men absorbed the DDT.

Final Model after Modifications (Terminal Competency Model)

DDT was sprayed on plants by farmers but it did not disintegrate. It reached rivers and streams and was carried to lakes. In the lakes, the DDT was absorbed by plants which were eaten by small forms of life. These small forms of life were eaten by fish which absorbed the DDT and the fish were caught and eaten by men who absorbed the DDT from the fish" (a. a. O., S. 206).

Diese Übungen sind (als Transferanbahnung) eine notwendige *Durchgangsphase* auf dem Weg zu einer Form des zusammenhängenden Berichtens. Sie sollen dem

---

[71] Die folgenden Beispiele sind entnommen aus einem Beitrag von Herbert W. Seliger: The Discourse Organizer Concept. In: IRAL, Vol. IX/3/1971

Lernenden helfen, daß er nicht nur richtige Einzelsätze produzieren, sondern auch einen einfachen „Discourse" (der mehr ist als die Summe von Einzelsätzen) in einem Bezugsrahmen gestalten lernt.

Ein wesentliches methodisches Hilfsmittel bei fast allen Übungsformen in dieser Phase, sowohl in der mündlichen wie auch schriftlichen Sprachanwendung, haben wir bereits in der Form des „Guiding" kennengelernt.

Hierunter verstehen wir eine *„gelenkte" Sprech- oder Schreibübung,* die den Lernenden etappenweise zum Transfer führt.

Beispiele für *„Guided Questions":*
1. Ask your partner what day he is coming to see you.
2. Ask him if he is going to travel by train or car.
3. Ask him what time he is arriving at your place.
4. Ask him if he wants you to book a room for him in a hotel. usw.

Beispiele für *„Guided Requests"*[72]:
1. Inform your partner that you are thirsty and tell him politely what you would like to have.
2. Inform him that it is cold in here and tell him politely what you would like him to do about it.
3. Inform him that you can't stand the loud music and tell him what you would like him to do about it. usw.

Wie unsere einleitenden Beispiele zeigten, impliziert „Guiding" ein sprachliches „An-die-Hand-Nehmen" des Lernenden, um ihn in „Micro-Steps" langsam zum selbständigen Sprachhandeln (Kommunikation) zu führen. Durch langsamen Entzug von mündlichem oder schriftlichem „Support" gewöhnen wir den Lernenden daran —, ohne ihn plötzlich zu überfordern — sprachlich selbständig zu werden. Durch unsere Hilfestellungen vermeiden wir unnötige Frustrationserlebnisse und gravierende Fehlleistungen.

Solches „Guiding" kann weiterhin mit einschließen
— Hinweis auf „key-words" für einen Handlungsablauf
— ein sentence-switchboard
— bestimmte Kollokationen/oder Beispielsätze
— eine visuelle Schematisierung eines sprachlichen Regelverhaltens (vgl. Band 1, S. 115)

---

[72] Diese Form kann, wenn der Lehrer im Hinblick auf die Bedürfnisse der Lerngruppe dies für vertretbar hält, ausgebaut werden zu kleinen *Dolmetschübungen,* wobei der Lehrer dann den „request" in der L_1 *knapp skizziert* (was allerdings die Sache für den Schüler erschwert); dabei ist darauf zu achten, daß die knappe Skizzierung (möglichst in indirekter Rede) den Schüler nicht verleitet, Wort für Wort zu übersetzen. Der Schüler sollte dann den enkodierten „request" an einen Mitschüler weitergeben, der in der L_2 die verbale (und evtl. auch die pragmatische) Reaktion durchführt.

— Erinnerungshilfen in Form einer Bildreihe mit Stichworten
— bestimmte sprachliche Hilfen (structural words) beim Verbinden von Einzelsätzen
— bestimmte Lückentexte (Tafel, Tageslichtprojektor), die mehr und mehr die ursprüngliche Textvorlage „verdünnen"
— einfache Praxeogramme oder flow charts (vgl. 5.2.4), die Strategien für einen Dialog vorgeben.

Mit Hilfe des „Guiding" können wir auch die Übersetzung vermeiden. Hierzu ein Beispiel, das der Autor bei einem Arbeitsbogen im Anschluß an eine Schulfunksendung (Let's talk in English, 20. Sendung des Bayer. Schulfunks) brachte; diesmal sind die „Guided Questions" im Gegensatz zu den früheren Beispielen so vereinfacht worden, daß auch lernschwächere Gruppen sie mit Erfolg bearbeiten können;

Ask the angler some questions:
1. Ask him what he has got in his bucket.
   What . . . ?
2. Ask him if he has caught a trout.
   Have . . . ?
3. Ask him what the best time for fishing is.
   Wh_____ . . . ?
4. Ask him if he knows a good recipe for preparing trout.
   D_____ . . . ?
5. Ask him if he has got a fishing licence.
   Ha_____ . . . ?
6. Ask him if he lives in the neighbourhood.
   . . . ?

Eine schriftliche Übung in Form des „Guiding" kann auch eine *Vorübung zum mündlichen Sprachgebrauch* sein, weil in der schriftlichen Form dem Lernenden mehr Zeit zum Überlegen geboten wird. Folgende Übung wurde im Anschluß an eine Schulfunksendung des Autors angeboten, um den Transfer bei der Handhabung von „Rejoinders" (wie z. B. Is it? / Are you? / Indeed? / Really? / Can it? / Will you? / etc.) anzubahnen:
Keep the conversation going by using the proper rejoinder.
Jack: Look at my new motor-bike. It's the fastest bike in town.
Jim: . . . ?
Jack: I'm ever so proud of it
Jim: . . . ?
Jack: It can easily do 95 miles per hour.
Jim: . . . ?
Jack: I'll be able to pass any car on the road.
Jim: . . . ?

Jack: Certainly. I tried it last Sunday. I even overtook a Jaguar.
Jim: ...?
Jack: Yes, that gave me a marvellous thrill.
Jim: R...y?
Jack: Don't you believe me? Come along on my bike, I'll show you what it feels like.
Jim: No, really, thank you.
I might wake up in hospital at the end of the trip.

Erst wenn die Klasse diese Phasen des einfachen Transfer durchlaufen hat, sollte der Lehrer bei einer durchschnittlichen Lerngruppe daran gehen, den freien, kreativen Sprachgebrauch anzubahnen.
Allerdings darf der Lehrer die Erwartungen im Hinblick auf „creative use of the language" nicht zu hoch schrauben. Einmal fällt es unseren Schülern — oder zumindest den meisten davon — schon in der Muttersprache nicht leicht, zu völlig freien und kreativen Höhen vorzustoßen. Zum anderen gelingt es im Klassenzimmer in der Mehrzahl der Fälle nicht, einen natürlichen und provozierenden Sprechanlaß herbeizuzaubern. Zum dritten, und dies bezieht sich auf den mündlichen Anwendungsbereich der L_2, fällt es — auch oft recht sprachbegabten und interessierten — Schülern (vorab ab der 7. Klasse) nicht leicht, in Gegenwart ihrer Mitschüler über längere Zeit hinweg die L_2 zur mündlichen Kommunikation einzusetzen, wo doch alles so viel natürlicher und einfacher via Muttersprache vor sich ginge. Um dieses „make-believe" einigermaßen schmackhaft zu machen, ist es gerade auch unter diesem Gesichtspunkt notwendig, daß der Lehrer selbst die L_2 weitgehend als Kommunikationsmittel gebraucht und durch seinen Unterrichtsstil (vgl. Band 1, S. 117) eine Atmosphäre schafft, die auch dem scheuen Schüler hilft, seine initialen Hemmungen zu überwinden.

All dies haben wir nun nicht erwähnt, um den freien Sprachgebrauch ad absurdum zu führen; wir wollten nur realistisch die Schwierigkeiten aufzeigen, damit wir diese bei unserer Planung berücksichtigen. Unsere Planung muß auch für diese letzte Stufe gewisse Sprechanlässe und Starthilfen geben, damit es zu „free speech" kommt.

Welche Anwendungsmöglichkeiten ergeben sich im Unterricht im allgemeinen, um *eine freie Sprachanwendung* zu evozieren?
Hier sind einige Möglichkeiten:

— ein freier Bericht (mündlich oder schriftlich) über einen Lektionstext mit einer gewissen Veränderung beim Berichterstatten (z. B. Umformung in einen Brief);
— freie Durchführung und Gestaltung einer Rolle bei einem Dialog, evtl. einige Alternativen bei Entscheidungspunkten zur Auswahl vorgeben (vgl. Praxeogramm bei 5.2.4);

— dem Schüler wird — in der L₂ im knappen Telegrammstil — dargelegt, welche Textart (kurzer Brief, Beschwerde, Begleitschreiben zu einer Geschenksendung, etc.) er zu welchem Zweck erstellen soll (evtl. auch unter Verwendung von optischen Vorlagen);
— dem Lernenden wird eine Textstelle vorgelegt mit dem Auftrag, einen gesteuerten Kommentar zum Text zu verfassen (für überdurchschnittliche Lerngruppen);
— der Schüler verfaßt einen freien Bericht (mündlich oder schriftlich) über persönliche Erfahrungen über ein Gebiet, das in ähnlicher Form in der Lektion bereits angetippt wurde (also Verfassen eines Paralleltextes).

Ziel all dieser Aufträge ist es, anhand eines angedeuteten Sprechanlasses den Schüler zu motivieren, in mündlicher oder schriftlicher Form mit selbständiger, differenzierter Ausdruckskraft *nicht Teilkompetenzen* auf *rein linguistischem Gebiet* (also Aufgaben zur Syntax, Morphologie und Vokabular, wie sie in den Comprehension Tests zur Anwendung kommen), sondern wirkliche *kommunikative Kompetenz* unter Beweis zu stellen.

Darüber hinaus bedeutet kommunikative Kompetenz natürlich auch die Fähigkeit, sprachliche Äußerungen — gesprochen oder geschrieben — *zu verstehen* (= *rezeptive* kommunikative Kompetenz); d. h. daß an diesem didaktischen Ort unbekannte[73] Texte (Szenen oder Berichte aus Schulfunksendungen, Filmszenen oder geschriebene Texte) dargeboten werden können, um das Hör- und Leseverstehen (z. B. durch Multiple Choice Tests) zu messen bzw. zu üben; bei lernschwächeren Gruppen erscheint es uns auch statthaft, daß eine *Inhaltsangabe* (keine wörtliche Übersetzung, also kein Dekodieren, sondern Interpretieren!) in der Muttersprache[74] abgefaßt wird.

All diese Aufgaben, die wir hier am Ende des Lernzyklus stellen (und die ja häufig dann auch die Funktion von Leistungskontrollen übertragen bekommen), sind um so treffender in ihrer Aussage, um so präziser in ihrer Messung, je mehr sie darauf hin angelegt sind, jene Lernziele zu überprüfen, die für das Fachgebiet Englisch als Leit- und Richtziele (vgl. Band 1, I. Kapitel) ausgewiesen sind; sie sollten also produktive *und* rezeptive Kompetenz überprüfen. Dabei müßten die Richtzielbereiche Hörverstehen / Sprechfertigkeit / Leseverstehen / schriftlicher Ausdruck entsprechend ausgewogen (auch im Hinblick auf die zukünftigen Bedürfnisse der Lerngruppe im wirklichen Leben) repräsentiert sein.

Gleichzeitig ist es wünschenswert, daß die Lehrpläne eine endliche Zahl (von genau definierten) Textsorten aus einer endlichen Zahl von exakt festgelegten

---

73 „unbekannt" heißt hier weitgehend vertraute Lexis *neu* angeordnet, einige Lexeme können aus dem Kontext erschlossen werden; die Strukturen sind bekannt.
74 Der Gebrauch der Muttersprache erscheint hier sinnvoll, weil es für die meisten Schüler im wirklichen Leben eine unrealistische Aufgabe ist, zu einem englischen Text auf englisch eine *interpretierende* Rolle zu übernehmen.

Themenbereichen vorgäben, damit der kontextuelle Rahmen klar abgesteckt ist. Für die Beherrschung der Sprechfertigkeiten müßte ebenso eine endliche Zahl genau definierter Abfolgen von Redeakten (also die Makrostrukturen von häufig vorkommenden Handlungssequenzen) als Lernziele vorgegeben sein. Nur auf diese Weise nimmt das Leitziel „Kommunikative Kompetenz" klare Umrisse an. Natürlich gehören zur Abrundung der Anwendungsphase auch *Lernspiele* mit zur Planung und Gestaltung unseres Englischunterrichts. So können z. B. crossword-puzzles dazu dienen, die *Lexis* spielerisch zu überprüfen; so können Schreibspiele sowohl Lexis wie Orthographie üben, z. B.: an ein gegebenes Wort wird immer ein neues Wort angefügt, das mit dem letzten Buchstaben des vorangegangenen Wortes beginnt; z. B.

carpet
   top
      picnic
         car
            radio, etc.

Spiele wie „Twenty Questions", „Bingo", „Kim's Game" sind Motivation und Belohnung. Eine Reihe von speziellen Veröffentlichungen[75] bieten eine Fülle von Anregungen.

Auch diese Auflistung von Übungsformen für die Anwendungsphase erhebt keinen Anspruch auf Vollständigkeit. Manches, was sowieso in Lehrwerken und Workbooks überall angeboten wird, ist hier als vertraut vorausgesetzt und deshalb weggelassen worden. Auch wird jeder Lehrende im Laufe der Zeit mit Hilfe seiner Vorstellungskraft noch Neues entdecken können: „There's always room for improvement." Eine neuere Form wollen wir zum Abschluß der Sprachanwendungsphase noch gesondert untersuchen; das sog. „register switching".

3.5.6 „Register-switching"

Hier geht es um einen Teilaspekt der Arbeit mit der Lexis und Struktur in der Sprachanwendungsphase; inwieweit gehört der sog. *„Registerwechsel"* zu den Zielen unseres Sprachunterrichts?

Die erste Schwierigkeit besteht schon darin, daß das Wort „register" in seiner Bedeutung recht vielschillernd verwendet wird. Mit Recht kritisieren deshalb David Crystal und Derik Davy[76] die „Bandbreite" dieses Begriffes, indem sie feststellen: „This term has been applied to varieties of language in an almost indiscriminate manner..."

---

[75] vgl. dazu u. a.: Lee, W. R. (1968); Bloom, J./Blaich, E. (1965); Eine Fülle von Lernspielen ist auch zusammengestellt bei: Gompf, G. (1971); für den Anfangsunterricht u. a.: Wetzel, E. (1969) und Bederke, H. (1971), S. 73 ff.
[76] Crystal, D. and Davy, D. (1974)

Wenn wir versuchen, den Begriff „register" als situationsbedingte Variante von „speech" aus den Teilelementen des „context of situation" abzuleiten (wobei wir uns an die Aufschlüsselung des Situationsbegriffes halten, wie ihn van Ek, vg. 2.6., erarbeitet hat), so können wir den Begriff „register" präziser fassen; wir können feststellen, daß sich „register" aus den Bedingungen

— der psychological role
— und der social role[77] ableitet.

Damit engen wir unsere Definition des Phänomens „register" im Vergleich zu Halliday (1964) etwas ein. Denn wir übernehmen mit unserer Definition nur zwei Teilbegriffe[78] für „register", wie sie von Halliday et al. präzisiert wurden, nämlich:

— mode of discourse = gesprochene oder geschriebene Sprache, dort auch unterteilbar, z. B. Sprache der Zeitung, der Werbung etc.
— style of discourse = die psychologischen Varianten, wie z. B. „locker", „vertraulich" etc. (dies wird manchmal in der Literatur auch als „tenor of discourse" bezeichnet)

Bei der didaktischen Aufbereitung von „register" ergeben sich folgende Probleme:
Für die Anfangsphase des FU ist das Hauptproblem bei der Registerfrage, wie wir es vermeiden können, daß die Schüler *falsche* Register verwenden. Der elementare FU, so wird gefordert, sollte daher weitgehend „register neutral" sein. Ist dann aber eine solche Sprache noch echte, lebendige Sprache?
Auch Irena Camutaliová von der Prager Linguistischen Schule setzt sich mit diesem Problem kritisch auseinander. Sie analysierte verschiedenste Dialoge in Lehrwerken und wendet sich gegen eine solche *neutrale* stilistische Ebene. Dazu schreibt sie: „This analysis shows that simplification and levelling of the language in the teaching dialogue contains a serious danger: the very complex problem of teaching the spoken language is being solved in an oversimplified way by neutralizing specific features of spoken language (and the dialogue as such) which in fact means deforming it and consequently giving the language-learner an inadequate and distorted notion of the spoken forms. Another point — which should not be underestimated — is that such dialogues become lifeless and cannot affect language-learners emotionally" (in: Fried, V. (ed.), 1972, p. 169).

---

[77] Wobei natürlich die sozialen Beziehungen im Sprechakt nichts Fixiertes sein müssen; im Sprechakt können neue „social roles" hergestellt werden, bestehende bestätigt oder modifiziert werden.
[78] der dritte Teilbegriff bei Halliday ist „field of discourse", der sich auf das bezieht, was sprachlich vorgeht, nähert sich also dem Begriff „topic"; field of discourse kann sein „Politik", persönliche Beziehungen, ebenso ein Fachregister wie Mathematik, usw.

Uns scheint wesentlich, daß die Sprachanwendungsphase dort, wo es möglich und nötig ist, Varianten zu „mode" und „style" bereitstellt, wobei wir natürlich die „Bandbreite" einengen können. Aber warum sollte man z. B. beim topic „Introducing" nicht Registerfragen klären können (unter Umständen auch mit einer knappen Erläuterung in der Muttersprache) und verschiedene Varianten dazu je nach Situationsbezug einüben (im Sinne eines „register switching")? Ebenso können bestimmte kommunikative Fähigkeiten, z. B. sich beschweren können, verschiedene Registervarianten (die „Bandbreite" kann je nach Lerngruppe variabel gehalten werden) durchlaufen[79].

Es erscheint uns auch realisierbar, daß im weiteren Verlauf der Sekundarstufe I die Schüler die Differenzierung von Registern einüben. Warum sollten sie nicht aus einer „jumbled-up list of utterances" diejenigen Ausdrücke aussuchen, die unter dem Register „spoken form" bzw. unter dem Register „written form" anzuordnen sind?

Keineswegs wird das „register switching" als Übungsform der Sprachanwendungsphase den ganzen Text unserer Lektion umspannen, sondern es werden jeweils nur Einzelphänomene herausgegriffen und variiert. Man kann z. B. einen „frame" vorgeben und an einer bestimmten Stelle substituieren lassen, je nachdem welche „social role" wir den einzelnen Schülern jetzt vorgeben (z. B.: „Talk to your boss / talk to a stranger / talk to your friend"):

I wonder if you could possibly I wonder if you could Could I ask you to Can I ask you to Would you Could you Please	take this letter to Mr. Hilton

Mit dieser Art von *kommunikativem* „pattern practice" können wir sicherstellen, daß der in der Sprachverarbeitungsphase gelernte Dialog nicht als starres Gebilde weiterbehandelt wird, sondern jetzt in der Anwendungsphase punktuell transponierbar gemacht wird. Solche Übungen können also die Transferphase bereichern, müssen aber schrittweise eingeführt und erklärt werden. Die „Bandbreite" der Register wird erst gegen Ende der Sekundarstufe I größer, wobei wir lernschwächeren Gruppen nur ein entsprechend kleineres Angebot aus dem „Mittelfeld" des Registers anbieten.

---

79 Hierzu ein Beispiel:
 Don't + V
 I wish you wouldn't + V
 I do wish you wouldn't + V
 Would you mind not + V_{ing}

Je mehr wir uns aber der 10. Klasse nähern, je mehr die Schüler sowohl literarische Texte wie auch Dialoge der Umgangssprache nebeneinander haben, desto notwendiger wird es, dem Schüler die *Grenzen der Registerbereiche*[80] bewußt zu machen; auch auf diesem Gebiet muß sein Können und Wissen geschult werden. Wenn wir ihn da nicht absichern, sondern glauben, die Sache erledige sich durch Intuition von selbst, so dürfen wir uns nicht wundern, wenn er später in einer alltäglichen Situation für einen einfachen Sachverhalt eine zu gestelzte Ausdrucksweise wählt. (z. B. „I was most entertained by the film" statt „I really enjoyed the film".)

Mit dem „register switching" als Sonderform des Transfertrainings haben wir unsere Überlegungen zur Gestaltung der Übungsmöglichkeiten innerhalb der Sprachanwendungsphase abgeschlossen. Sicherlich hat aber der eine oder andere Leser bislang eine Klärung der *Sozialformen* für diese Unterrichtsphase vermißt:

3.5.7 Teilgruppenunterricht

Frontalunterricht, Teilgruppenunterricht[81] oder Einzelunterricht via Sprachlabor? Während für die Sprachaufnahmephase Frontalunterricht nicht zu umgehen ist, während in der Verarbeitungsphase Frontalunterricht, Sprachlabor und evtl. Partnerarbeit sich abwechseln werden, scheint gerade für diese Phase eine kritische Frage nach den Grenzen des Frontalunterrichts unumgänglich. Manche glauben ja, er sei fast für die gesamte Sekundarstufe I notwendig, weil auf die Monitor-Funktion des Lehrers nicht verzichtet werden könne. Wir aber sollten kritisch prüfen, ob der *Frontalunterricht* in der Sprachanwendungsphase auch *dann* als fast ausschließliche Sozialform anzusehen ist, wenn die Schüler noch nicht soweit sind, daß sie über „einen sicheren sprachlichen Grundbestand verfügen und nicht mehr der ständigen Kontrolle und Lenkung durch den Lehrer bedürfen"[82].

Wann ist aber dieses Ziel im FU eigentlich jemals erreicht — kann es je durch Frontalunterricht erreicht werden? Diese Argumentation, wie wir sie oben zitierten, scheint uns auf einem „self-defeating principle" zu beruhen.

---

80 vgl. dazu auch: White, R. Communicative Competence, Registers and Second Language Teaching. In: IRAL, Vol. XII (1974), pp. 127—139; ebenso die sehr lesenswerte Abhandlung von: Richards, J. C. The Role of Vocabulary Teaching. In: TESOL, Quarterly, Vol. 10, No 1, March 1976, S. 77—89; Richards setzt sich dort dafür ein (S. 84), daß der „intermediate and advanced learner" angeleitet werden muß, die Registerbereiche zu unterscheiden.

81 „Da sich der Gruppenbegriff der Sozialwissenschaften weitgehend durchgesetzt hat, nach dem auch eine Schulklasse eine Gruppe ist, wird vorgeschlagen, das pädagogisch Gemeinte, nämlich die Aufteilung einer Gruppe (Klasse) in kleinere Gruppen mit Teilgruppenunterricht unmißverständlicher zu bezeichnen." Zitiert nach W. Schulz (1965), S. 33 (Fußnote)

82 zitiert beim Stichwort „Frontalunterricht" in Köhring/Beilharz (1973), S. 91

Es ist ein Merkmal der Phase „Sprachanwendung", daß sie, um die Ziele *Transfer/Communication* anzusteuern, den Typ der „controlled activities" (wo der Lehrer oder das Tonband der leitende Partner war) aufgeben soll und zu sog. „decontrolled activities" (vgl. das unter „self-expression" Gesagte in Band 1, S. 121) überleiten muß.

Eines der damit verbundenen Probleme ist jedoch die Organisationsfrage, ob man mit der *Gesamtklasse* zu diesen Zielen gelangen kann. Weil es nun einmal kaum möglich ist, daß 20 bis 30 Lernende plötzlich ohne „Guiding" zur sprachlichen Selbsttätigkeit übergehen (besonders nicht die durchschnittlichen oder sprechscheuen Schüler), zeigt die Praxis oft das deprimierende Bild, daß der Lehrer an diesem didaktischen Ort nur mit einigen gutbegabten und (oder) sprechmutigen Schülern allein diese Aufgaben durchführt.

Wenn wir das Leitziel eines kommunikativen FU wirklich ernst nehmen, so werden wir nicht umhin können, den Gesamtverband der Klasse aufzulösen und Teilgruppenarbeit (group work[83]) einzuführen. Die Teilgruppe kann zwei bis vier Schüler umfassen, wobei *in der Regel* ein langsamer Lerner mit zwei oder drei durchschnittlichen Schülern zusammengeführt werden sollte.

Ehe wir uns in Abschnitt 5 fragen, *was* die Teilgruppe erarbeiten sollte, scheint es hier zuerst einmal sinnvoll darzustellen, *warum* die Teilgruppenarbeit im modernen FU häufig eine bevorzugte Arbeits- bzw. Organisationsform sein sollte.

Hier eine knappe, sicherlich nicht alle Details miteinschließende Liste von Gründen, die für diese Organisationsform sprechen:

1. In dieser Form kann bei manchen Übungen innerhalb der Gruppe ein Schüler die Rolle des Lehrenden (z. B. das Stellen von Fragen zu einem Text), die anderen die Rolle der Lernenden übernehmen (evtl. werden bei der nächsten Übung die Rollen vertauscht).
2. Diese Form simuliert ein natürliches „setting", wo wir *die L_2 viel eher als Kommunikationsmittel* empfinden und anwenden als das sonst im üblichen Abschlag der Lehrer-Frage und Schüler-Antwort möglich ist.
3. Unser „mixed-ability grouping" innerhalb der Teilgruppe gibt viel eher als der übliche Frontalunterricht echte und häufige Sprechanlässe für sprachliche Interaktionen.
4. In dieser Form wird viel *intensiver* sprachliche „self-expression" gefordert und gefördert.
5. Diese Form ist eher geeignet, eine positive Atmosphäre zu schaffen, in der auch der sprechscheue Schüler zum Agieren ermutigt wird.

---

[83] vgl. dazu: Kohn, J. J./Vajda, P. G.: Peer Mediated Instruction and Small-Group Interaction in the ESL Classroom. In: TESOL, Quarterly, Vol. 9, No 4, Dec. 75, pp. 379 bis 390 (Dort wird allerdings ein Beispiel aus dem Erwachsenenunterricht besprochen.)

6. Das Lerntempo ist jetzt *individualisierbar*, durch die verschiedenen Rollen innerhalb der Gruppe ist *soziales Lernen* impliziert.
7. Der Lehrer hat fernerhin auch die Möglichkeit zu weiterer Binnendifferenzierung: während z. B. eine sehr leistungsstarke Gruppe besonders fordernde Übungen übernehmen kann (sozusagen am obersten Ende der Skala der Teilgruppen), kann er selbst mit einer sehr schwachen Gruppe „controlled activities" als „remedial work" durchführen.
8. Teilgruppenarbeit ist für alle Beteiligten fordernder und interessanter als Frontalunterricht. Sie ist somit auch ein Beitrag zur *Motivation*.

Diesen Gründen, die *für* die Teilgruppenarbeit sprechen (und von denen der Leser sicherlich nicht alle akzeptieren wird), stehen, das sei offen zugegeben, einige Einwände gegenüber:

▶ Da ist einmal der Einwand, wie man bei einer sehr großen Klasse und einem relativ kleinen Klassenzimmer diese Arbeitsform *organisatorisch* meistern kann. Hier muß man von Fall zu Fall selbst entscheiden und ausprobieren, was zu machen ist.

▶ Zum zweiten wird man einwenden, daß die Aufgabe des Lehrers als „Monitor" während der Teilgruppenarbeit weniger effektiv sein wird. Dem ist u. a. entgegenzuhalten, daß der Lehrer ja als Helfer und Korrektor von Gruppe zu Gruppe gehen kann und somit keineswegs ausgeschaltet sein wird. Wobei wir uns lieber noch der Gefahr aussetzen, daß die so produzierte L_2 gelegentlich auch einmal unkorrigiert von der Gruppe akzeptiert wird, als daß im herkömmlichen Unterricht die meisten Schüler nur viel zu selten die L_2 als *kommunikatives* Mittel einsetzen.

▶ Zum dritten wird man einwenden, daß es schwierig ist, die Gruppen dahin zu bringen, daß sie wirklich die L_2 benutzen und der Versuchung widerstehen, die Muttersprache zu gebrauchen. Dieses Hindernis kann jedoch, wie uns selbst die Praxis zeigte, überwunden werden, wenn auch sonst der Unterricht weitgehend einsprachig ist[84], und wenn wir uns — im Sinne eines sozialintegrativen Unterrichtsstils — mit den Lernenden darüber im Gespräch Klarheit verschafft haben, *warum* wir diese Form im FU einsetzen und verwirklichen wollen.

Mit diesen, so glauben wir, recht wichtigen Überlegungen zu den Sozialformen des FU in dieser Phase und deren Einfluß auf „communicative competence" haben wir die Untersuchung der wesentlichen Möglichkeiten zur Gestaltung der Sprachanwendungsphase beendet.

---

84 Einsprachigkeit kann auch miteinschließen, daß die Schüler für sich englische Vornamen auswählen.

3.6 Einige Überlegungen zur Unterrichtssprache

Ein *vorletzter Schritt* bei der Durchführung der methodischen Analyse (wir haben uns — mit einigen Modifikationen — dabei an das Modell von Klafki gehalten) ist der Problemkreis *„Unterrichtssprache"*.
Grundsätzliches haben wir dazu bereits in Band 1 (SS. 83—87, 89, 117—118) zusammengestellt. Auch bei dem, was wir bislang zur Planung und Gestaltung eines Lernzyklus angeboten haben, wurde, unter wechselnden Aspekten, immer wieder für eine *weitgehende Verwendung des Englischen als Medium des Unterrichts* plädiert.

Gewisse Annahmen[85] schienen uns, wie wir das im Vorhergehenden begründet haben, vertretbar

▶ bei der Erklärung von komplexeren landeskundlichen Phänomenen,
▶ bei der Semantisierung abstrakter Begriffe,
▶ bei der Erklärung eines sprachlichen Regelverhaltens mit lernschwächeren Gruppen,
▶ bei der globalen Überprüfung des Lese- oder Hörverständnisses,
▶ bei der Differenzierung gewisser „registers",
▶ bei der Klärung von schwierigen pädagogischen Problemen.

Für die *methodische* Durchführung stellt sich, besonders für den noch unerfahrenen Lehrer das Problem der Einsprachigkeit unter ganz anderen Gesichtspunkten dar:

— *wie kann er* einerseits seinen *elaborierten Kode* in der L_2 so *reduzieren*, daß er sich *dem restringierten Kode* der Lernenden in der L_2 anpaßt und nicht über deren Köpfe hinwegspricht, daß er aber andererseits eine gewisse idiomatische und prosodische Originalität seiner Sprachbeherrschung beibehält[86]?
— Wie kann er, gerade in den Anfangsklassen, eine gewisse akademische

---

85 Es muß allerdings dafür gesorgt werden, daß es sich dabei wirklich nur um Ausnahmen handelt; neben vielen anderen Gründen dafür, die alle schon erwähnt wurden, spricht noch folgendes für den fast ausschließlichen Gebrauch der L_2: es muß vermieden werden, daß man zwischen L_1 und L_2 pendelt, denn die spezifische Artikulationsbasis des Englischen (sie ist alveolar, im deutschen dental!) wird damit nur zu schnell verfälscht; muttersprachliche Interferenzen (z. B. „glottal stop") werden begünstigt.
86 Schließlich lernen die Schüler gerade dabei, Unbekanntes aus dem Kontext zu erschließen; auch werden dadurch latente Lernprozesse ausgelöst, die wir lernpsychologisch als „inzidentielles Lernen" bezeichnen. Klaus Foppa (1968) beschreibt dies so: „Auch beim Menschen laufen natürlich Lernvorgänge ab, ohne daß spezifische Lernmotivationen oder Bekräftigungen nachweisbar wären. Meistens treten sie in Form sog. inzidentieller Lernprozesse auf, d. h. als Lernleistungen, die nicht durch bestimmte Instruktionen vorgeschrieben sind" (a. a. O., S. 120).

Vorliebe zum Abstrakten wieder überwinden und aufs neue lernen, sich *anschaulich, einfach und konkret auszudrücken?*

— Wie kann er, *ohne zuviel von der Unterrichtszeit für sein Sprechen in Anspruch zu nehmen,* die Kunst erwerben, einen soeben verbalisierten Gedanken, der nicht verstanden wurde, *nochmals sofort mit dem einfachen Vokabular* der Lernenden zu *paraphrasieren,* evtl. mit Gestik, Mimik oder Handlung zu *verdeutlichen?*

Die Beantwortung dieser prinzipiellen Fragen zum Thema „Unterrichtssprache" kann im Rahmen dieses Buches nur global erfolgen.

Einmal ist zu hoffen, daß in der universitären Ausbildung des Fremdsprachenlehrers gerade die hierfür so wichtigen „oral skills" entsprechend gefördert und gefordert wurden.

Zum anderen ist darauf zu verweisen, daß nur eine sorgfältige Ausbildung in den Praktika und in der Referendarzeit dem jungen Kollegen Gelegenheit geben kann, am Beispiel des erfahrenen Ausbildungslehrers zu beobachten, wie man elastisch, einfach und konkret in der L_2 das Unterrichtsgespräch führt.

Zum dritten ist dem noch unerfahrenen Kollegen *im Rahmen der methodischen Analyse dringend anzuraten,* das geplante Lehrerverhalten (Fragen, Umschreibungen, Einführungen, Arbeitsaufträge, classroom phrases) *exakt zu verbalisieren* und im Unterrichtsentwurf *präzise auszuformulieren.* Eine Reihe von Hilfsmitteln[87] stehen ihm dabei zur Verfügung.

Daß die Wahl der L_2 zur Unterrichtssprache den Lehrer mit seiner starken Kompetenz gegenüber den Lernenden unerhört begünstigt und somit bestimmte *pädagogische* Probleme miteinschließt, wurde von uns bereits in Band 1 (S. 118) berücksichtigt. Es sei hier nur daran erinnert, daß ein sozialintegrativer Unterrichtsstil dafür sorgen muß, diese besonders ausgeprägte linguistische Überlegenheit des Lehrers abzufangen. Vorschläge zu diesem Thema bringt die Untersuchung von Ingrid Dietrich[88] (a. a. O., S. 357), die sich in dem Grundgedanken kristallisieren, daß wir die Schüler *am Unterrichtsgeschehen,* z. B. durch Übernahme der Bedienung von technischen Geräten, Zeichnenlassen von Situationsskizzen, Auswählen von Lektüren u. a. partizipieren lassen, um die Überlegenheit des Lehrers im FU auszugleichen.

---

87 u. a. West, M. und Hoffmann, H. G. (1971)
    Ball, W. J. (1958), gibt alphabetisch angeordnete kommunikative Bereiche an, mit Hinweis zum Gebrauch.
    Palmer, H. E. (1966); es handelt sich *nicht* um eine Grammatik, sondern es werden sentence patterns zu den wichtigsten Wörtern angegeben.
    Haase, A. (1964); es werden Wertigkeitsstufen und Sachgruppen für die Lexis aufgestellt.
    Für die einsprachige Paraphrase oder Definition u. a.: Hornby, A. S. (1974)
    Für classroom phrases u. a.: Weidner, L. (1968)
88 vgl. dazu: Dietrich, I. (1973), S. 349 ff.

3.7 Medienorganisationsplan

Die Frage des *Medieneinsatzes* und der *Sicherung der Unterrichtsvoraussetzungen* ist die letzte Überlegung bei der systematischen Beschreibung der Organisationsphasen bei der methodischen Analyse. Auch hier muß der Anfänger zunächst bestimmte Arbeitstechniken erlernen, die von der simplen Handhabung des Tageslichtprojektors bis zur komplizierten Steuerung der Vorgänge im Sprachlabor reichen.
Dazu gehört auch die Ausstattung und das Ausschmücken (Karten, Poster etc.) des — möglichst nur für die L_2 — benutzten „Fremdsprachenklassenzimmers". Gerade dieser Gesichtspunkt ist auch für den Einsatz von Medien von entscheidender Bedeutung. Das organisatorische Prinzip muß sein: der Fremdsprachenlehrer bleibt im Klassenzimmer — die Klasse kommt zu ihm. Nur so hat er Zeit und Gelegenheit, den Medieneinsatz (Tageslichtprojektor, Tonbandgerät, Flanelltafel, Filmapparat) vorzubereiten. Solange ein „elektronisches Klassenzimmer" nur Schaustück weniger Versuchsschulen ist, müßte diese organisatorische Maßnahme, die ja in angelsächsischen Schulen und z. B. auch an einigen Münchner Hauptschulen (im Rahmen unserer Praktika dem Autor bekannt) möglich ist, eine Grundvoraussetzung sein.
Geht die Klasse im Turnus ins Sprachlabor, so ist dort durch die Einplanung von „liveners" die einseitige Belastung der Lernenden auszugleichen.
Es würde nun den Rahmen dieses Buches sprengen, wollten wir alle Detailfragen des Medieneinsatzes, hier darstellen. Wir beschränken uns auf einige grundsätzliche Fragen der Planung und verweisen ansonsten auf die einschlägige Fachliteratur[89].
Im übrigen haben wir bereits — da moderner Fremdsprachenunterricht immer auch Unterricht mit technischen Mitteln ist — fast auf jeder dritten Seite auf geeignete Medien hingewiesen; denn dieser Aspekt der Unterrichtsplanung läßt sich ja kaum loslösen von den anderen Problemen der Unterrichtsgestaltung.
Abschließend möchten wir jedoch noch zum Sprachlabor etwas detaillierter Stellung nehmen.
Es gab einmal eine Zeit, und sie ist noch gar nicht so lange her, da glaubte man, mit dem Sprachlabor, später dann noch gekoppelt mit „Programmed Instruction" das Allheilmittel für den FU gefunden zu haben. Nach der ersten Begeisterung machte sich bald eine gewisse Ernüchterung breit. Die wenigsten Lehrer waren auf diese Arbeitsform vorbereitet, es fehlte an geeigneten Programmen, und als dann noch im linguistischen Trommelfeuer von Chomsky sowohl Skinners „Verbal Behaviour" wie auch der Strukturalismus (und damit auch der

---

89 vgl. u. a.: Macht, K./Schloßbauer, R. (1975)
Andersen, F./Sörensen, K. K. (1972)
King, P. E./Mathieu, G./Holton, J. S. (1971)
Howatt, A. P. R. (1972)

Pattern Practice) Arges erleiden mußten, meinten manche, dem Sprachlabor habe sein letztes Stündchen geschlagen. Sicherlich glaubt heute zu Recht niemand mehr, daß das Sprachlabor als *übergreifendes Medium* anzusehen ist. Aber wie soll man es als Baustein im Lehrmediensystem beurteilen?

Natürlich gibt es zunächst eine Reihe von kritischen Anmerkungen zum Thema „Sprachlabor". Es stimmt, daß für die „klassischen" Sprachlehrprogramme das Endverhalten des Schülers determiniert sein muß; diese Festlegung auf *eine* bestimmte Reaktionsweise ist im Sprachlabor notwendig, weil sonst die Vergleichsmöglichkeit mit der anschließend über das Tonband gegebenen Kontrollantwort wegfiele. Wenn wir aber „creative use of language" fordern, so wird dies sicherlich nicht in solchen Sprachlaborübungen, sondern nur im Kontaktunterricht oder im Teilgruppenunterricht anzubahnen sein. Wer sagt aber, daß die *Sprachverarbeitung* mit ihren notwendigen Einschleifübungen als Vorstufe zu solchem Sprachverhalten nicht z. T. im Labor durchgeführt werden könnte?

Natürlich kann man einwenden, daß auch schon ein schlichtes Tonbandgerät mit geeignetem Material (von „native speakers" besprochen) im Klassenzimmer bestimmte Übungsmöglichkeiten eröffne, ohne daß man gleich ein kostspieliges Sprachlabor fordern müsse. Aber auch dieses Argument stimmt nur bis zu einem gewissen Grade; denn das Tonband im Klassenzimmer gestattet nicht die gleichzeitige Beteiligung aller (mit der Möglichkeit der Lehrerkontrolle) und erlaubt deshalb keine individuelle Lernform.

Sicherlich gibt es auch eine Reihe von Untersuchungen wie die von Keating[90], R. Olechowsky[91] und das bekannte Pennsylvania Foreign Language Project (von Philip P. Smith 1970 beschrieben)[92], die meist damit enden, daß bei empirischen Versuchen die Gruppen, die im Sprachlabor arbeiteten, auf die Dauer keine signifikante Überlegenheit gegenüber den Kontrollgruppen zeigten.

Allerdings weist jeder dieser Versuche gewisse Mängel auf, worauf u. a. Freudenstein[93] und M. Mumme[94] hingewiesen haben.

Bei einer anderen Untersuchung hingegen erbrachte der Einsatz des Sprachlabors trotz der allgemeinen „Pattsituation" gegenüber den Vergleichsgruppen doch einen signifikanten Unterschied; diesen Unterschied, der für *unser* Leitziel besonders relevant ist, beschreibt Elton Hocking[95]. Er stellt bei einem Versuch an der University of Colorado mit Zielsprache „Deutsch" fest: „At the end of both years a number of objective and subjective measures of the degree of direct association revealed that the audiolingual group exhibited a significantly

---

[90] Keating, R. (1963)
[91] Olechowsky, R. (1970)
[92] Smith, Ph. D., Jr. (1970)
[93] R. Freudensteins Besprechung von Smith's Buch in der Zeitschrift „Zielsprache Englisch". Hueber Verlag, München, Heft 1/72, Rezension zum Pennsylvania Projekt, S. 36
[94] M. Mumme (sonst ein scharfer Kritiker des Sprachlabors) in seiner Abhandlung: Sprachlabore oder Aporien der Verwertungsinstruktion. (1975), S. 89
[95] Hocking, E. (1964)

better ability to ‚think in German' than the traditional group" (a. a. O., S. 77).
Ebenso können wir einer früheren Untersuchung von E. D. Allen[96] aus dem Jahre 57/58 entnehmen, daß z. B. die Versuchsgruppen mit dem Sprachlabor bei dieser Effektivitätsmessung zwar bei den mündlichen Leistungen nicht besser als die Kontrollgruppen abschnitten, hingegen aber bessere Leistungen im Lesen, bei der Wortschatzarbeit und bei der Grammatik aufwiesen.
Wir sehen zumindest eines recht deutlich: empirische Untersuchungen über das Sprachlabor bringen keine *eindeutigen* Ergebnisse, oft sind die Aussagen sogar recht paradox, so daß sich jede Seite der Streitenden dabei bedienen kann. Bei der Lektüre dieser Untersuchungen können wir nur die Unfähigkeit konstatieren, auf diesem Wege der Unterrichtswirklichkeit nahezukommen; wir erkennen vielmehr die *Grenzen dieser empirischen Untersuchungen* im Bereich des fremdsprachlichen Unterrichts.
Sicherlich kann man auch von der pädagogischen Warte aus noch einiges gegen die Unterrichtsweisen im Sprachlabor einwenden (u. a. Ausschaltung des analytischen Denkens, Entfremdungsphänomene im technischen Unterricht, Gefahr der Gewöhnung an Manipulation, Aufgabe des Bildungsanspruches des FU, Aufgabe der Mündigkeit des Menschen; vgl. dazu die Abhandlung von M. Mumme, a. a. O., S. 94 ff.).
Freilich übersehen diese Kritiker dabei, daß ja nicht *jede* Stunde im Sprachlabor verbracht wird, und daß in der Praxis mancher Kontaktunterricht stattfindet, der all die oben erwähnten Negativa auch produziert — *ohne* Einsatz des Sprachlabors. Es kommt letztlich immer noch auf den einzelnen Lehrer und dessen pädagogischen Stil an, wie er sich des Instruments „Sprachlabor" *bedient*.
Trotz dieser Kritik wird man aber auch zugeben müssen, daß das Sprachlabor einen wesentlichen Einfluß bei der Weiterentwicklung der Methoden des FU hatte; dieser Einfluß zeigte sich u. a. bei:

— der Entwicklung von Übungsformen für die Sprachverarbeitungsphase;
— der Kontextualisierung von Übungsinhalten;
— der Ausarbeitung von sog. Mini-Situationen als kleinste Einheiten von „speech acts";
— der Individualisierung des Unterrichts;
— der Koppelung von auditivem und visuellem Material;
— der Ausbildung eines geschärften Lernzielbewußtseins.

Wollen wir das, was hier oben angesprochen wird, im FU verwirklichen, so wird sich auch heute noch das Sprachlabor als *Baustein* im Medienorganisationsplan bewähren.
Denn wo können sich im mündlichen Unterricht sonst noch so viele Schüler zur gleichen Zeit (mit Lehrerkontrolle) im Ausbilden von Teilfertigkeiten üben?

---

96 Allen, E. D. (1960), S. 355—358

Wenn wir alle Für und Wider kritisch abwägen, so wird in den meisten Fällen das Sprachlabor bei der Einbettung in einen curricularen Gesamtrahmen ein notwendiger und effektiver Übungsort im FU sein.

Daß es daneben noch eine Fülle von anderen Medien gibt, die alle am richtigen Ort eingesetzt, eine wesentliche Hilfe auf dem Weg zur kommunikativen Kompetenz sein können, haben wir in den vorhergehenden Abschnitten bereits am jeweiligen Ort der methodischen Planung eines Unterrichtszyklus deutlich gemacht.

Zur Überprüfung, ob man bei der methodischen Analyse sämtliche medialen Mittel ausgeschöpft und ihren didaktischen Ort richtig bestimmt hat, geben wir zum Abschluß noch einen Medienorganisationsplan zur Hand; er soll bei der Planung des üblichen Unterrichts helfen, denn die Fälle, wo ein ganzes „Medienpaket", also ein Unterrichtswerk im Medienverbund eingesetzt wird (wie z. B. bei „On we go" oder bei „Speak out") sind, schon aufgrund der Schwierigkeiten, die sich bei der Unterrichtsorganisation ergeben, relativ selten. Mit diesem Übersichtsplan schließen wir die Beschreibung der methodischen Analyse ab.

Medienorganisationsplan (vgl. dazu die notwendigen „Sozialformen" in Band 1, S. 131) für einen Unterrichtszyklus:

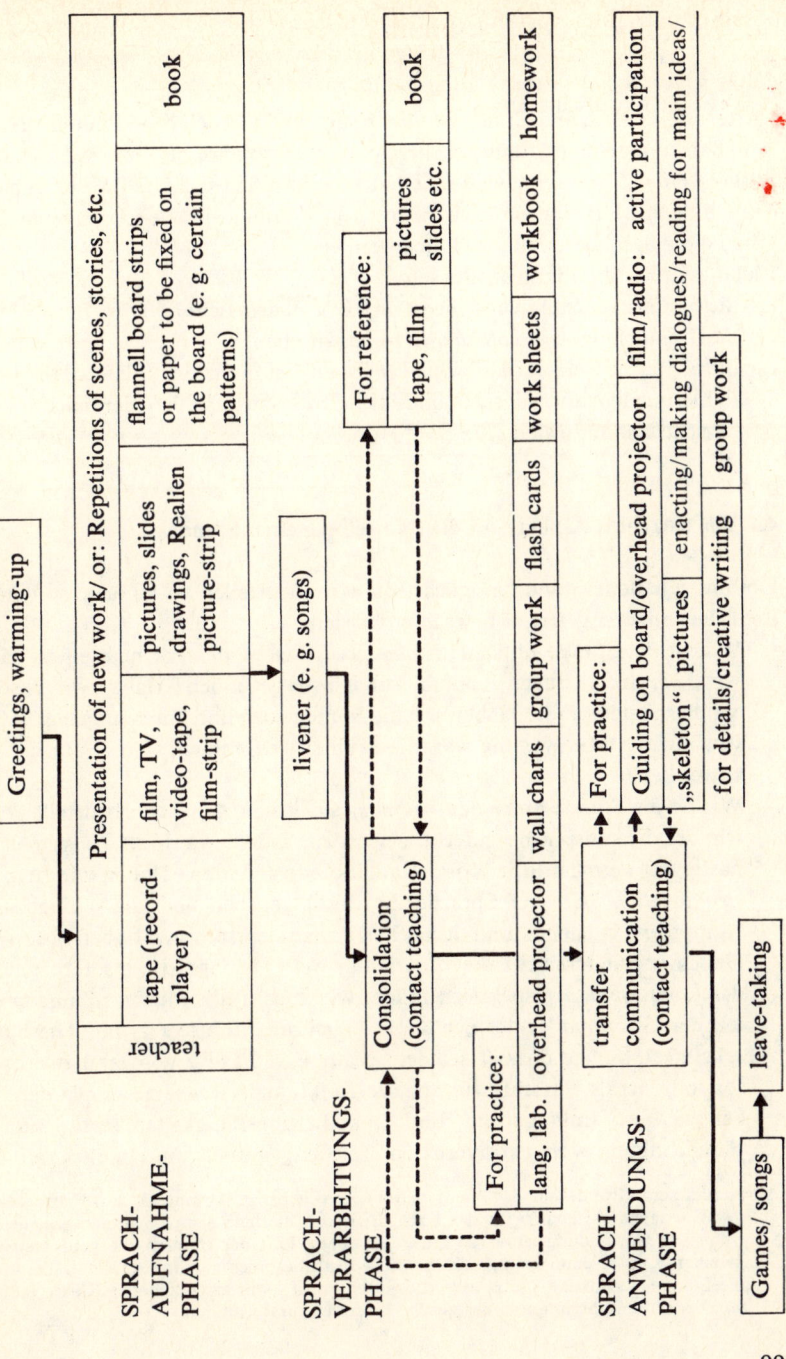

SPRACHAUFNAHMEPHASE

Greetings, warming-up

teacher	tape (record-player)	film, TV, video-tape, film-strip	pictures, slides drawings, Realien picture-strip	flannell board strips or paper to be fixed on the board (e. g. certain patterns)	book
		Presentation of new work/ or: Repetitions of scenes, stories, etc.			

livener (e. g. songs)

SPRACHVERARBEITUNGSPHASE

Consolidation (contact teaching)

For reference: tape, film | pictures slides etc. | book

For practice: lang. lab. | overhead projector | wall charts | group work | flash cards | work sheets | workbook | homework

SPRACHANWENDUNGSPHASE

transfer communication (contact teaching)

For practice: Guiding on board/overhead projector | film/radio: active participation
„skeleton" pictures | enacting/making dialogues/reading for main ideas/
for details/creative writing | group work

Games/ songs → leave-taking

4. Die kritische Nachbesinnung

„After all is said and done..." kann die kritische Nachbesinnung erfolgen. Anlaß dazu mag eine Stundenbesprechung im Seminar oder mit einem Besucher unseres Unterrichts sein; vielleicht hat uns auch selbst eine von uns gehaltene Stunde nicht befriedigt und wir nehmen uns einmal die Zeit, in eigener Rückschau diese besondere Stunde zu überdenken.
Ziel dieser Nachbesinnung sollte sein:
— die betreffende Stunde möglichst *objektiv* zu erfassen;
— die Stunde möglichst *vollständig* zu beschreiben;
— die Kritik in *Verbesserungsmöglichkeiten*[97] einmünden zu lassen, die helfen, Fehlerquellen aufzudecken und die Erfolgsaussicht bei der nächsten Unterrichtsstunde zu steigern.

4.1 Die einzelnen Aspekte für die Beurteilung einer Stunde

Um die gehaltene Stunde möglichst *objektiv* beurteilen zu können, sollten drei Bereiche zunächst getrennt betrachtet werden:
— Wie ist die Stunde unter dem *pädagogischen Aspekt* zu beurteilen? Haben wir u. a. den richtigen Kontakt zur Klasse gefunden? Haben wir uns *allen* Schülern zugewandt? Haben wir die Stunde sozialintegrativ angelegt? Haben wir uns, wo es notwendig war, die Freiheit genommen, vom „Fahrplan" abzuweichen?
— Wie ist die Stunde unter dem *fremdsprachlichen Aspekt* zu beurteilen? Sind wir der Fremdsprache gerecht geworden, indem wir nicht zu schnell und hastig auf vermeintliche Kommunikation zusteuerten? Haben wir zuvor der *strukturellen Seite* der Sprache ihr Recht gegeben und zuerst linguistische Kompetenz entstehen und deren Performanz entsprechend üben lassen?
Haben wir andererseits die *funktionale Seite* der Sprache insofern schon in der Übungsphase respektiert, indem wir auch Teilkompetenzübungen nicht um der Grammatik oder der Lexis willen durchführten (z. B. „The butcher sells meat, but he doesn't sell ice-cream" / „I have a nose and two eyes"), sondern sie als Vorstufe für spätere funktionale Redeakte einplanten? Haben wir also Enkodierung- und Dekodierungsfähigkeiten (evtl. unter Berücksichtigung von extraverbalen Zeichen) immer im Hinblick auf eine

---

[97] Aus diesem Grunde hat der Autor den wöchentlichen Praktikumstag am Fachbereich 21 der Universität München für das Fach Englisch innerhalb seines Seminars mit dem betreffenden Ausbildungslehrer so angelegt: zuerst hält der Student die geplante Stunde in einer Klasse; dann erfolgt die kritische Nachbesprechung; im Anschluß daran wird die Stunde nochmals — jetzt in verbesserter Form — in einer anderen Klasse (aber der gleiche Schülerjahrgang und der gleiche Leistungskurs) gehalten.

konkrete Situation geübt? Haben wir den Aspekt der *pragmatischen Dimension* berücksichtigt und versucht, durch Einüben von einzelnen konkreten kommunikativen Fertigkeiten (z. B. sich beschweren können beim Zimmernachbarn im Hotel) eine graduelle Diskurstüchtigkeit zu fördern, die sich dann in Sprechhandlungen (also im Handlungsablauf von Aktionen, Interaktionen und Entschlüssen bei Entscheidungspunkten, vgl. „Pragmeme" 5.2.4) zu bewähren hat?
Haben also die Lernenden nicht nur Sprachmuster produziert, sondern sich auch als *Interaktanten*[98] beim Sprachhandeln erprobt (was freilich nicht in jeder Phase, sondern erst bei *„Transfer/Communication"* realisierbar ist!)? Haben sie dabei als Sprecher auch die illokutive, als Hörer die perlokutive[99] Seite des Sprachhandelns berücksichtigt[100]?
War die Stunde außerdem sachgerecht, indem wir im richtigen Tempo, mit richtiger Aussprache, Intonation und mit üblichen Kollokationen das Unterrichtsgespräch führten?
— Wie ist die Stunde unter dem *methodischen Aspekt* zu beurteilen? Wie waren u. a. die einzelnen Unterrichtsschritte geplant? Haben die Lernenden die angestrebten Teilziele erreicht? Haben wir uns beim Auftauchen von unerwarteten Schwierigkeiten flexibel genug verhalten? Haben wir dort differenziert, wo es nötig war (vgl. 4.3)?

Es mag bei manchem Leser der Wunsch nach einem Vorschlag für die *schriftliche Form der Unterrichtsvorbereitung*[101] auftauchen. Nun ist jedoch das Phänomen „Unterricht" so dynamisch und vielschichtig, daß es *die ideale Form* dafür nicht gibt.
Man *kann* die schriftliche Form u. a. so gestalten:
A Lernziel(e) der Stunde / Art der Schülerleistungen / didaktischer Ort der Stunde
B Kurzer linguistischer Kommentar zu den Lerninhalten (kontrastiver Ansatz / Differenzierung bei Inhalten?)
C Medienorganisation
D lernpsychologische Begründung für die Schüleroperationen
E Verlaufplanung:

Unterrichts-schritt	geplantes Lehrerverhalten	vermutetes Schülerverhalten	didaktischer Kommentar
z. B. situative Einführung	Lehrer zeichnet etwas an die Tafel u. erklärt dazu: ...	verstehendes Hören	Ort, Zeit, Personen des neuen Lesestücks werden vorgestellt, um das Verständnis beim nächsten Unterrichtsschritt zu erhöhen

F Entwurf für Tafelbild(er)
G Worksheets / Testbogen zur Lernzielkontrolle   H benutzte Literatur

98 vgl. dazu: Ehlich, K./Rehbein, J. (1972), S. 209
99 vgl. Band 1, S. 118 f.
100 vgl. dazu auch: Leopold, E. (1975), S. 212 ff.
101 Beispiele für Unterrichtsvorbereitungen: Piepho, H. E. (1973)

4.2 Der Bezugsrahmen für die Beschreibung einer Stunde

Um die Stunde möglichst *vollständig zu beschreiben,* können wir einen *Bezugsrahmen* herstellen; wir betrachten die Stunde unter dem Aspekt der
Thematik (was wurde unterrichtet?)
Operationalisierung (wie war der Unterrichtsverlauf?)
Medien (wodurch wurde gelehrt und gelernt?)
und setzen diese drei Elemente in Relation zu den zwei Bezugswissenschaften: *Linguistik* und *Psychologie.*
Auf diese Weise erhalten wir *sechs* allgemeine *Problemkreise* (für die Besprechung analytisch aufgegliedert, in der Unterrichtswirklichkeit natürlich synthetisch übergreifend angeordnet).

1) *Linguistik und Thematik*
Wurde die Stunde dem *Leitziel* unseres Unterrichts gerecht? Waren die linguistischen Elemente (Strukturen, Lexis) diesem Ziel entsprechend ausgewählt (spoken form? short forms? frequency?)?
Ist es gelungen, an einer Stelle des Unterrichts die sprachlichen Teilelemente zusammenzufassen, um die *Funktion eines kommunikativen Bereiches deutlich* und plastisch *werden zu lassen?* Ist, sofern dies in der Stunde möglich war, das *landeskundliche Element*[102] zu einem Einzelaspekt der Stunde entsprechend berücksichtigt worden? (Dies kann u. a. z. B. bei der Erklärung von Lexis — pub, cricket, club, solicitor, barrister, cop, defendant, etc — am Platze sein.) Schließlich bedeutet eine fremde Sprache lernen *auch* „the learning of new social conventions"[103]; d. h. wir werden das Weltbild, wenn nicht erweitern, so doch wenigstens differenzierter (vgl. Band 1, S. 119/120) gestalten. Hat also diese Stunde (insofern Landeskunde relevant wurde) dazu beigetragen, falsche Klischees, Stereotypen[104] und Verallgemeinerungen abzutragen, haben wir versucht, an einem kleinen Beispiel einen konkreten Beitrag zum Erreichen von bestimmten affektiven Lernzielen zu leisten (Kenntnisnahme/Toleranz/Wertschätzung/ vgl. Band 1, S. 122)?
Obwohl wir heutzutage keiner Institutionenkunde oder Kulturkunde alten Stils das Wort reden wollen, so darf auch ein am Leitziel „Kommunikation" orientierter Englischunterricht nicht nur als Fertigkeitsvermittlung gesehen werden;

---

102 Es ist hier nicht der Platz, ausführlich auf das Problem Sprache/Weltbild einzugehen, das seit W. von Humboldts Werk „Über die Verschiedenheit des menschlichen Sprachbaues und ihren Einfluß auf die geistige Entwicklung des Menschengeschlechtes", Berlin, 1835, die Gedanken und die Gemüter bewegt hat. Einige Literaturhinweise müssen genügen; für den Unterricht u. a.: Erdmenger, M./Istel, H.-W. (1973); für die sprachphilosophische Dimension des Problems u. a.: Sapir, E. (1949) und Whorf, B. L. (1956)
103 nach H. Landar (1966), S. 5
104 Auf die Gefahren des kulturkundlichen Unterrichts und der gefährlichen Weitergabe von falschen Klischeevorstellungen dabei hat Gottfried Keller (1968) in einer sozialpsychologischen Studie verwiesen.

Landeskunde, die uns hilft, uns gegenseitig *differenzierter und kritischer* zu sehen, hat, insbesondere im 2. Abschnitt der Sekundarstufe I, sehr wohl auch ihre *pädagogische* Funktion, die wir jeweils zu Einzelaspekten in unsere Planung miteinbeziehen müssen. Dies soll kein Plädoyer für irgendwelche „Bildungsgüter" sein; aber warum sollte nicht aus den Beziehungen und Spannungen zwischen Sprachtext, Sprachform und Weltsicht[105] etwas konkret am Beispiel (sei es Text, Bild oder Film) erarbeitet werden, das dem Jugendlichen als Hilfe angeboten wird bei seinem mühsamen Unterfangen, sich in unserer Welt zurechtzufinden? Es wäre unklug, auf diese Bereiche (vgl. affektive Lernziele) vorschnell zu verzichten; andere könnten sie uns abnehmen und mit einem Geist füllen, der keinen Raum mehr läßt zu eigenen Entscheidungen.

2) *Linguistik und Operationalisierung*
War die Darbietungsform der Sprache angemessen? Wurden die Teilziele klar angesteuert? Waren es zu viele Teilziele? Wurden Gesichtspunkte der kontrastiven Analyse (Interferenz) beachtet? War die Reihenfolge der Fertigkeiten für diesen Sprachtext richtig angeordnet? Waren die sprachlichen Übungen richtig kontextualisiert? Waren wir, auch wenn wir keine wissenschaftliche, sondern eine pädagogische Grammatik lehren (vgl. Band 1, S. 47), bei unseren Beispielen sachgerecht und haben linguistisch nichts verfälscht? Haben wir bei den *kognitiven Lernhilfen* die Grundsätze

— *der Simplizität* (Formulierung so einfach wie möglich);
— *der Kontrastivität* (Interferenz zwischen L_1 und L_2 oder zwischen Frühergelerntem in der L_2 und Neuzulernendem in der L_2);
— *der Selektivität* (nur Hilfen und Erklärungen wo *nötig!*);
— *der Deskriptivität* (haben wir „descriptive", *nicht* „prescriptive" linguistics als Basis benutzt? vgl. Band 1, S. 48 oben)
berücksichtigt?

3) *Linguistik und Medien*
Wurden die Medien an der richtigen Stelle eingesetzt, um die Sprache in angemessener Form darzubieten? Wurde überlegt, welche Medien welche Passagen des Textes oder der Übungen am besten übernehmen können?

4) *Psychologie und Thematik*
Haben die Schüler in der Stunde anhand der benutzten Texte ein Erfolgserlebnis haben können? War also der Text der Lerngruppe adäquat? War unsere Textstelle für die Lernenden interessant? Hat sie Anlaß gegeben, sich im Unterrichtsgespräch damit auseinanderzusetzen?

---

105 vgl. als Versuch dazu (für die Lektüre des Lehrers): Madariaga, S. (1923)

5) *Psychologie und Operationalisierung*
War die Sequentierung der Stunde richtig?

Waren die Zeiteinheiten für
— situative Einführung
— Darbietung
— Erklärung
— Übung/Transfer
— Lernzielkontrolle
ausgewogen?

Waren die Arbeitsanweisungen klar genug gewesen (ein häufiger Fehler beim Anfänger!)? Hätte stattdessen ein Beispiel vielleicht nicht klarer erklärt, was die Schüler tun sollten?
War der Wechsel der Tätigkeiten so überlegt, daß immer aufs neue *motiviert* wurde (vgl. „Motivation" in Band 1, S. 100 f.)? Wurden die Medien auch unter dem Aspekt der Motivation ausgewählt?
War die Progression der Übungen richtig (ebenfalls ein häufiger Fehler beim jungen Lehrer)? War die Steigerung richtig im Hinblick auf die Schüleroperationen (vgl. 1.1 bis 1.2.4)? War unsere didaktische Strategie (die ja alle möglichen Antworten der Lernenden miteinbeziehen muß) flexibel genug? Waren die sprachlichen Übungen situationsgebunden? Wurde die Funktion des zu lehrenden Sprachverhaltens klar? Haben wir dem Handeln durch Sprechen Raum gegeben und dabei die Situation im Klassenzimmer richtig ausgenützt? War die Stellung der Hausaufgabe organisch aus dem Unterricht herausgewachsen?

6) *Psychologie und Medien*
Waren die Medien der Altersstufe entsprechend ausgewählt? Waren die „Auflockerer" („liveners" → siehe Medienorganisationsplan, 3.7) wie songs, games richtig eingeplant? War das Tafelbild richtig vorausgeplant? Hat das *Tafelbild geholfen, den Stoff* sinnvoll zu *strukturieren*? Wurde er dadurch überschaubar und durchschaubar?

Auch dieser Katalog nimmt nicht für sich in Anspruch, vollständig zu sein, er will nur Leitfragen verdeutlichen und dabei nicht nur das Lehrer- und Schülerverhalten, sondern auch die Texte kritisch beobachten helfen. Manche Texte werden wir nach dieser inhaltlichen Befragung vielleicht erst gar nicht für die Unterrichtsplanung mehr heranziehen, weil sie unseren Kriterien nicht standhalten. Womit noch etwas evident wurde: wir können diesen kritischen Fragenkatalog sehr wohl auch *vor* der zu haltenden Stunde als „check-list" benutzen.

4.3 Möglichkeiten der Binnendifferenzierung

Ein Punkt, der eigentlich bei unserem Katalog bei Punkt 5 angesprochen werden sollte, wurde mit Absicht herausgenommen und soll noch knapp gesondert behandelt werden; es geht um die Frage der *Differenzierungsstrategie* bei der Unterrichtsplanung. Das Problem „Differenzierung" wurde schon *allgemein* in Band 1 (S. 23 ff.) beleuchtet; Möglichkeiten der inneren Differenzierung haben wir durchgehend in Band 2 bei den einzelnen Absätzen berücksichtigt. Hier soll noch einmal das Problem[106] „Möglichkeiten der Binnendifferenzierung" global angegangen werden, um in einer Art von Synopsis die Möglichkeiten der inneren Differenzierung bei der Planung einer Lerneinheit zu verdeutlichen. Wo können wir Differenzierungsmaßnahmen ansetzen? Möglichkeiten ergeben sich:

▶ *bei den Lernzielen* der Unterrichtseinheit;
so können z. B. bei den Phasen „Transfer/Kommunikation" Gruppen gebildet werden, da nicht alle Schüler gleichermaßen in ihrer Eigenständigkeit bei den Formulierungen (mündlich/schriftlich) kreativ sein werden.

Diese Gruppen können sich unterscheiden:

— bei den Registern, da nicht alle Nuancen von allen Schülern einer Lerngruppe produktiv übernommen werden;
— bei manchen genauer elaborierten Satzkonstruktionen (z. B. mit although oder indirect speech), da diese nicht von allen Schülern produktiv erworben werden;
— bei der Treffsicherheit und Anschaulichkeit der Lexis; eine gewisse Variationsbreite ist hier zu erwarten. Es geht also darum, daß gewisse Lernziele nur mit unterschiedlichen sprachlichen Mitteln erreicht werden, wobei noch einmal bei den „productive and receptive skills" Differenzierungsmöglichkeiten eingeplant werden können.

▶ *bei den Lerninhalten;* die Differenzierungsmöglichkeiten bei den Lerninhalten haben wir beim Absatz 2.5 dieses Bandes bereits untersucht.

▶ *bei der Methodik;* hier gibt es zwei Kriterien, die prinzipiell zur Anwendung kommen können:
a) das Variieren beim Lerntempo;
b) den variierenden Entzug der Lehrerhilfe entweder direkt oder indirekt durch Maßnahmen des „Guiding".

---

106 vgl. dazu u. a.: Differenzierung als schulpädagogisches Problem: Winkeler, R. (1975); Differenzierung als fachdidaktisches Problem: Brodde, W. (1975) und Gutschow, H. (1974)

Gelegentlich kann hier eine Differenzierungsstrategie entwickelt werden nach den Gesichtspunkten:

- wieviel einsprachig → wieviel zweisprachig
- wieviel kognitiv → wieviel imitativ
- wieviel schriftlich → wieviel mündlich
- wieviel „productive" → wieviel „reproductive" (vgl. Schüleroperationen 1.1 bis 1.2.4)
- wieviel Abstraktes → wieviel Konkretes
- wieviel induktives Lernen → wieviel deduktives Lernen
- wieviel in Einzelarbeit erreichbar → wieviel ist in der Gruppe oder mit dem Lehrer zu erarbeiten
- wie lange kann *eine* Lernweise bei *einem* Problemkreis ohne Zwischenmotivation aufrecht erhalten werden? → wie schnell treten bei einer Lernweise Ermüdungen auf, wie häufig muß neu motiviert werden, d. h. wie häufig muß ein Tätigkeitswechsel eintreten?
- inwieweit können relativ schnell Bestimmungsfragen (sog. wh-questions) benutzt werden? → inwieweit kann man fürs erste nur Reaktionen auf Alternativfragen (Is it a ... or a ...?) oder auf Entscheidungsfragen (Fragen, die mit Hilfsverben beginnen) erwarten?
- wieviele sprachliche Phänomene können gleichzeitig beobachtet werden? → inwieweit muß das Prinzip der Reduzierung von Schwierigkeiten angewendet werden?

▶ *bei den Medien;* die sog. „mediale" Differenzierungsstrategie beruht weitgehend auf dem Prinzip, daß das, was durch möglichst viele Sinne aufgenommen wird, leichter behalten wird. Je schneller wir z. B. durch „Verdünnung" des Textes oder durch raschen Entzug von Medien (Bilder als Erinnerungshilfe, „skeletons" beim Dialog oder Wegfall des Schriftbildes) vorgehen, desto *fordernder* wird unser Unterricht.

Auch diese Auflistung erhebt keinesfalls den Anspruch auf Vollständigkeit; es sollten wiederum nur Leitfragen herausgestellt werden, die bestimmte Richtungen sichtbar werden lassen, wie man bei einer Lerngruppe innerhalb einer Unterrichtseinheit gewisse Differenzierungsstrategien realisieren kann. Wir wissen, daß wir damit nur einen Teilaspekt des Problems „Differenzierung" behandelt haben; die anderen Aspekte → Differenzierung als Maßnahme der Schulorganisation/soziale Differenzierung/Differenzierung im Innovationsprozeß etc. überlassen wir neidlos den kompetenteren Kollegen der Schulpädagogik.

5. Die sprachlichen Fertigkeitsbereiche im Rahmen der Unterrichtsgestaltung

Zwar haben wir bislang bei der Beschreibung der Unterrichtsplanung und -gestaltung den Versuch gemacht, den *Schwerpunkt* auf die *Sprachsysteme* zu legen, wir wurden aber sowohl durch die interdependente Struktur[107] des Phänomens Sprache wie auch durch den dynamischen Charakter des Lernprozesses im Unterricht immer wieder veranlaßt, dabei auch bereits von den sprachlichen Grundfertigkeiten zu sprechen.

Bereits in Band 1 (S. 12 ff.) haben wir bei der theoretischen Beschreibung der „basic skills" dargestellt, welchen Anteil die einzelnen Fertigkeiten am Kommunikationsprozeß haben, und zeigten auf, daß es nicht ausreicht, nur undifferenziert von vier Grundfertigkeiten auszugehen.

Dieser Band hat andererseits versucht klarzustellen, daß der Lehrende den *Unterrichtsprozeß* im Blick auf *die Sprachsysteme* organisieren muß, während die *Konkretisierung dieses Prozesses* immer die *Entwicklung von einzelnen Fertigkeiten* beinhaltet. W. A. Benett[108] hat dies recht anschaulich beschrieben:

„Language teaching is essentially the handing over of skills. It has long been regarded as the passing on of information and this is still often the attitude of language teachers ...

There is, of course, a certain satisfaction in treating a subject of study as though it consists only of a corpus of knowledge which can be parcelled, graded and handed over, so many discrete items at a time, until the weekly test or terminal examination provides a tidy measure, where a lexical item earns as good a mark as the correct use of a verbal form. Language involves complexes of sub-skills and it is in the complexity that language learning differs from other skills, such as car driving, dancing or swimming. Whereas most skills involve but a part of the human being, the use of language calls for the contribution of the whole personality."

Innerhalb des Bezugsrahmens dieses Bandes interessiert uns nun:

Welchen Anteil hat das
mündliche (impliziert Hörverstehen/Sprechtüchtigkeit), welchen Anteil hat das
schriftliche (impliziert Leseverstehen/Schreibtüchtigkeit)
Kommunikationsmedium im Blick auf die zukünftigen Bedürfnisse unserer Lernenden?

---

[107] Weil Sprache eben zur gleichen Zeit sowohl ein *System* von Systemen (Phonology, Lexis, Grammar, Semantics), also ein *Mittel* zur Kommunikation, *wie auch Prozeß* der Kommunikation ist.

[108] Benett, W. A. (1969)

Für allgemein orientierte Sprachkurse läßt sich nicht ohne weiteres eine gültige Rangfolge aufstellen.
Zwar sprechen wir von einem *Primat des Mündlichen,* wir wollen aber das *schriftliche Band der Kommunikation* sowohl als Ausdruck einer besonderen Kulturtechnik wie auch als Lernhilfe (vgl. dazu Band 1, SS. 18/19 und 32/33 und S. 128) im Sinne eines *ergänzenden Elements* zu seinem Recht kommen lassen.
Auf die Tatsache, daß die Progression dieser Grundfertigkeiten (von leicht nach schwierig) je nach didaktischem Ort recht differenziert gesehen werden muß, haben wir bereits in diesem Band bei 2.7 hingewiesen. Wir können für das erste Lernjahr aus methodischen Gründen (vgl. Interferenz, Ausbau einer richtigen Zuhörerhaltung etc.) für den Stundenverlauf *im allgemeinen* der Abfolge Hören → Sprechen → Lesen → Schreiben zustimmen; für die weiteren Jahre der Sekundarstufe I ist je nach Feinziel eines Lernprozesses aus dieser Abfolge kein Dogma zu machen. Denn es gibt in jüngster Zeit eine Fülle von empirischen Versuchen (vgl. z. B. Benson/Hjelt: Listening Competence. In: J. W. Oller/K. Perkins: Research in Language Testing. Rowley 1980, 59–65), die nachweisen, daß bei *jedem Lernzyklus* anfangs genügend Zeit den „comprehension skills" (Hören/Lesen) eingeräumt werden sollte; der *gesamte* Fremdsprachenlernvorgang wird dadurch erheblich effektiver. Die Phasen „exband — recombine — create" sollten also nicht zu früh und nicht zu schnell eingeplant werden. Gibt man den „comprehension skills" mehr Raum, entwickeln sich die „productive skills" um so besser.

5.1 Hörverstehen

Sinngemäßes, verständnisvolles Erfassen eines im natürlichen Sprachtempo gesprochenen Satzes erfordert nicht nur phonemisches Differenzieren (z. B. „man — men"), nicht nur die Fähigkeit, auch einmal ein unbekanntes Wort im Kontext zu erraten, sondern vor allem die Fähigkeit, den Inhalt des Gehörten ohne Übersetzung in die Muttersprache als begrifflich Ganzes zu erfassen. Damit dies realisiert werden kann, ist es nötig, daß in der Cortex-Schicht unseres Gehirns ein neues sog. „sekundäres Signalsystem" (auch „concept-units" genannt) engrammiert wird. Freilich ist dies ein Prozeß, der nur durch häufiges Üben und Wiederholen erfolgreich verwirklicht werden kann. Je öfter sich dabei die Muttersprache als „Riegel" dazwischenschiebt, desto größer ist die Gefahr, daß die fremdsprachlichen Impulse nur als linguistische Formen angesehen werden, die erst „entziffert" werden müssen und dann natürlich nur mit dem bereits für die Muttersprache bestehenden „sekundären Signalsystem" neurologisch verbunden werden. Damit wird aber die Bildung eines neuen sekundären Signalsystems für die Fremdsprache verhindert, in dem sich ein Begriffssystem entwickelt, das die „concepts" der Fremdsprache enthält, die sich häufig von denen der Muttersprache unterscheiden (z. B. deutsch „gehen", englisch „go"). Methodisch bedeutet dies, daß Übersetzungsübungen geradezu dazu herausfordern, dieses neue Begriffssystem *nicht* zu entwickeln.

Als Ziel bei der Entwicklung der „listening skills" muß also ein immediales Verstehen der fremdsprachlichen Äußerung gesehen werden. Dabei wird die fremdsprachliche Wortkette zuerst im primären Signalsystem (bei den sog. „perception units") sensorisch aufgenommen. (Wobei der Anfänger gerne die konkrete Bedeutung — „meaning" — eines fremdsprachlichen Wortes hier mit dem muttersprachlichen „image" koppelt, was leider meist nicht zu vermeiden ist.) Von dort aus muß aber im Lernprozeß durch Generalisation der Sinn („sense") des Gehörten im sekundären Signalsystem als Begriff unabhängig von der L_1 entwickelt werden.

5.1.1 Der Richtzielbereich „Hörverständnis"

Diese grundsätzlichen Überlegungen sollten uns gezeigt haben, daß der Fertigkeitsbereich „verstehendes Hören" nicht als bloße komplementäre Komponente der Sprechtüchtigkeit angesehen werden darf. Es handelt sich um eine eigenständige Fertigkeit, die nicht nur als Vorbedingung für das Sprechen ihren Stellenwert hat, sondern für das Leitziel „kommunikative Kompetenz" als Richtzielbereich von zentraler Bedeutung ist.

Zwar wechseln im Sprechakt die Rollen ständig, aber die *Rolle des Zuhörers* will genauso gemeistert sein wie die des Sprechers. In der Sprachwirklichkeit ist sie sogar noch schwerer, weil wir hier — im Gegensatz zum Sprechen — keinerlei Kontrolle über das sprachliche Material haben; als Sprecher kann ich einen einfachen Kode benutzen, als Hörer habe ich fast keinen Einfluß auf den sprachlichen „input".

Damit wird klar, daß dieser Fertigkeitsbereich für reale Kommunikationssituationen (Gespräch, Vortrag, Rundfunk, Fernsehen, Film etc.) von überragender Bedeutung ist. Bei der Didaktisierung dieses Fertigkeitsbereichs steht deshalb an erster Stelle die Forderung: der Schüler muß sich (via Tonband, Film, Schulfunk) an eine Vielzahl von Sprechern und ungefähr ab der 8. Klasse an eine gewisse Variationsbreite der verschiedenen Arten des Englischen (regional accents) gewöhnen. Nichts wäre hier schädlicher als die Fixierung auf die Lehrerstimme. Es muß daher als unabdingbare Forderung für einen kommunikativen Sprachunterricht angesehen werden, daß „listening-comprehension" nicht nur in der Sprachaufnahmephase eine zu bewertende Fähigkeit darstellt (vgl. 3.3 und 3.3.1), sondern daß diese Fähigkeit auch beim Transfer bzw. bei der Phase „communication" geübt und *bewertet* wird. Hier vermögen vor allem Sendun-

gen des Schulfunks[109] ein kontinuierliches Hinhören zu schulen. *Lernschwächere* Gruppen könnten dabei ein Erfolgserlebnis vermittelt bekommen, das ihnen bei den „productive skills" in diesem Maße verwehrt ist. Die Praxis hat uns immer wieder gezeigt, daß auch diese Gruppen bei richtiger methodischer *Einführung in die Situation* relativ komplexe Vorgänge verstehen können, wenn das Thema dem Erfahrungsbereich der Altersgruppe entsprechend ausgewählt war. Auf diesem oft recht vernachlässigten Gebiet müssen also Tonband, Schulfunk, Film und Schulfernsehen[110] auch in der Phase „Transfer" zum Einsatz kommen. Wir sollten daher bei unserer Planung von Anfang an diesem Fertigkeitsbereich gebührenden Raum geben. Mit Recht fordert W. Rivers (1970): „Teaching the comprehension of spoken language is therefore of primary importance if the communication aim is to be achieved. A long-neglected area, listening comprehension has its peculiar problems which arise from the fleeting, immaterial nature of spoken utterances" (a. a. O., S. 135/136).
Zwei prinzipielle Überlegungen werden wir im Hinblick auf das verwendete sprachliche Material berücksichtigen müssen:

▶ Jeder Text wird leichter verständlich, wenn er die der Sprache innewohnende *Redundanz*[111] auch im FU beibehält. Deshalb fordert W. Rivers (1970): „It is redundancy in language which helps us to piece together the information we hear. Even in communication in our native language we do not hear clearly everything that is said to us, nor do we pay full attention to every element of each utterance. In a language we are learning as foreigners our perceptual difficulties are compounded by many items which we do not recognize or with which we are as yet unfamiliar. Artificially constructed messages, such as those frequently devised for use in foreign-language classes, often unwittingly reduce the amount of redundancy supplied by a speaker in a normal situation. In this way the perception of the foreign-language message is made more difficult even for a person familiar with the language clues" (a. a. O., S. 138).

---

[109] Im Sinne einer Graduierung könnte man den Film und das Schulfernsehen zuerst ansetzen, weil hier Auge und Ohr sich gegenseitig unterstützen. Oft jedoch ist die Gefahr gegeben, daß die visuelle Kommunikation (die „somatische" Sprache) die verbale Kommunikation verdrängt, wenn nicht sogar überflüssig macht. Andererseits ist u. a. das *sequentielle* Verhalten beim Zuhören (die antizipatorische Haltung des Zuhörers, der z. B. beim Hören von „law and..." sofort „order" erwartet) im Anfangsunterricht noch nicht ausgebildet; das Dekodieren ist somit eine erschwerte Leistung, die durch das Bild unterstützt werden darf.
[110] Wobei die Lehrer oder besser das Team von Englischlehrern z. Z. noch weitgehend auf ihre eigene Initiative angewiesen sind, wenn es darum geht, „Hörstoffe" zu sammeln und bereitzustellen; hier müßte die Mediothek der „oral culture" genauso helfend entgegenkommen wie die Bibliothek der „written culture".
[111] „Redundanz" ist der unökonomische Zug der Sprache, die Sicherheit der Informationsübertragung durch zusätzliches Sprachmaterial, das eigentlich weggelassen werden könnte, zu erhöhen.

▶ Ebenso sollten unsere Texte das Element der *Wiederholung,* das gleichermaßen für die Sprachwirklichkeit typisch ist, beibehalten. Auch dazu nochmals W. Rivers (1970): „For the same reason, listening-comprehension exercises should contain a certain amount of repetitious material. This may take the form, for example, of explanations or descriptions in slightly different versions. Such repetition is another characteristic of normal speech ... This fact is often overlooked with the result that listening-comprehension materials in the foreign language may contain features which make them even more difficult to follow than similar material in the very familiar native language" (a. a. O., S. 156).

5.1.2 Die Grobziele

Vergegenwärtigen wir uns einmal graphisch, welche Elemente dieser Richtzielbereich umfaßt:

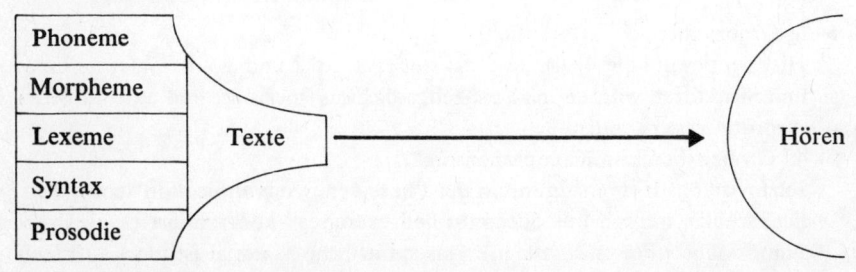

Phoneme		
Morpheme		
Lexeme	Texte ⟶	Hören
Syntax		
Prosodie		

Während Phoneme, Morpheme, Lexeme[112] und Syntax bekannte Elemente sind, die wir auch schon in Band 1 (S. 39 ff.) vorgestellt haben, möchten wir zum Begriff „Prosodie" nochmals einen Linguisten erklärend zu Wort kommen lassen. D. Wunderlich (in Maas/Wunderlich 1974[3]) beschreibt diese *parasprachlichen Mittel* wie folgt:
„Wenn irgendein sprachlicher Ausdruck in mündlicher Rede verwendet wird, so bekommt das artikulierte Schallgebilde noch Eigenschaften, die durch den Ausdruck selbst gar nicht festgelegt sind: es hat eine Pausengliederung, eine Grundlautstärke, eine Grundtonhöhe, einen Intonationsverlauf, einen Veränderungsverlauf (Sprachgeschwindigkeit), einen Akzentuierungsverlauf, gewisse Übergangscharakteristiken, eine Geräuschbeimengung usw. Durch den wechselnden Einsatz dieser Mittel, die einer Äußerung erst ihre physikalische Erscheinungsform geben, durch das phonologische System der Sprache aber noch nicht definiert sind, kann ein Sprecher sehr wohl kommunizieren: wechselnde Intentionen ausdrücken, einen ausgedrückten Inhalt oder eine Absicht verdeutlichen oder überhaupt erst eindeutig machen. Wir nennen diese Mittel parasprachlich, sie sind stets an sprachliche Artikulation geknüpft" (a. a. O., S. 85).

---

112 (generalisierter Terminus für ein konkretes Wort, also für eine sprachliche Einheit, die — losgelöst von ihrer syntaktischen Einbettung — einen Inhalt ausdrückt)

Um das Hörverständnis didaktisch aufzubereiten, bedarf es einer Progression, die verschiedene *Grobzielbereiche* durchläuft. (Wobei wir uns hier und bei den Richtzielbereichen „Sprechen/Lesen/Schreiben" an die schon in Band 1 benützte Terminologie von R. M. Valette/R. S. Disick (1972) halten.)

▶ 1. Grobzielbereich: „Perception"
Hier geht es darum, daß der Lernende auditorisch diskriminieren kann (vgl. z. B. Minimal Pair Drill). Ein Erfassen der eigentlichen Bedeutung ist noch nicht intendiert; es geht um Hören, das sich zum Hörunterscheidungsvermögen entwickelt.

▶ 2. Grobzielbereich: „Recognition"
Die Lernenden erfassen und speichern jetzt im Kurzzeitgedächtnis die Bedeutung der Wörter und Sätze. Sie können auch auf entsprechende sprachliche Reize reagieren (z. B. Aufträge ausführen, Bilder zuordnen[113] usw., vgl. 3.1).

▶ 3. Grobzielbereich: „Reception"
Hier geht es um die Phase des Transfer (vgl. 3.5.2 und 3.5.6). Gelernte Lexis und Strukturen wurden ins Langzeitgedächtnis überführt und auch in neuer Anordnung verstanden.

▶ 4. Grobzielbereich: „Comprehension"
Jetzt wird das Hörverständnis in der Phase der „Communication" entwickelt. Die Schüler werden mit „decontrolled exercises" konfrontiert (z. B. Film, Schulfunkberichte und -szenen). Das sprachliche Material ist nicht aufbereitet („ungraded material"). Es wird die Fähigkeit geschult, eine neue Situation zu erfassen und unbekannte Wörter und Kollokationen aus dem Kontext zu erschließen. Das Sprechtempo ist nicht mehr „didaktisch abgebremst", es sollen (ab der 2. Hälfte der Sekundarstufe I) jetzt auch regionale Akzente des Englischen verstanden werden.

▶ 5. Grobzielbereich: „Analysis"
Dieser Grobzielbereich ist vorab für die 2. Phase der Sekundarstufe I und auch hier primär für lernstärkere Gruppen relevant. Es geht jetzt darum, daß der Lernende beim Hörverständnis *jenseits* des Gesamtverständnisses noch folgendes differenzieren kann:
— die spezielle Ausdrucksart der Sprecher;
— evtl. soziologische Varianten von speech (z. B. was bedeutet es, wenn ein Sprecher sagt: „My wife ...", aber ein anderer von seiner Frau spricht als „The wife ...");
— die feinen Implikationen dessen, was sozusagen „zwischen den Zeilen" gesagt wurde;
— die einzelnen Varianten von Registern (vgl. 3.5.6).

---

113 Zum Problem der Lernzielkontrolle siehe auch: Macht, K. (1975)

Wenn wir diesen Grobzielen gerecht werden wollen, so dürfte es einleuchten, daß dieser Fertigkeitsbereich bei der Vielzahl von Textsorten (Dialoge, Erzählungen, Berichte, Nachrichten, Kommentare, Hörspiele etc.) für die gesamte Sekundarstufe I eine Fülle von *eigenständigen* Unterrichtseinheiten fordert.

5.2 Sprechtüchtigkeit

Sinngemäß gilt für die Entwicklung dieser Fertigkeit sehr viel von dem, was wir auch für das Hören gefordert haben. Am Anfang des Sprechaktes steht eine sog. „pre-verbal intention". Diese Intention darf nun vom sekundären Signalsystem ausgehend nicht in das muttersprachliche System übergeleitet werden, wo sie erst in die Fremdsprache übersetzt wird.

5.2.1 Der Richtzielbereich „Sprechen"

Auch hier muß als Ziel ein *immediales Sprechen* gefordert werden, das weder bewußt nach den fremdsprachlichen Wörtern noch nach grammatikalischen Regeln und Formeln sucht. Um dieses Ziel zu erreichen, ist wiederum ein intensives Üben in der L_2 in kleinen, überschaubaren Einheiten notwendig, das dem Lernenden immer wieder Mut macht und ihn dazu anhält, nicht über die linguistische Form nachzudenken, sondern nur über das, was er sagen will. Dieses Üben wird von der Imitation über Wiederholung und Auswendiglernen ausgehen und sich dabei der Substitutionstafeln und der „pattern-exercises" bedienen. Langt dies aber? Der Kommunikationsprozeß besteht freilich nur zum Teil aus sprachlichen „habits", die aufgespeichert sind und automatisch gesteuert werden. Der Sprechakt erfordert aber auch, auf modifizierte Situationen sprachlich selbst-schöpferisch (im Sinn der „computation") zu reagieren. Hier hilft nur jene „Umwandlungsfertigkeit" weiter, die selbständig auf veränderte, neue Situationen sprachlich richtig reagiert. Dieser Aspekt des Sprachvorgangs kann nicht mit Hilfe von „habits" gemeistert werden, sondern nur mit Fertigkeiten, die einmal Gelerntes auf abgeänderte Situationen transponieren. Hier müssen also Übungsformen eingesetzt werden, die sprachliche Fertigkeiten („skills") heranbilden, die ein intuitives Sprachgefühl im Lernenden entstehen lassen, das zur Eigenleistung im Sinne des „transfer effect" führt. Methodisch verlangt diese Einsicht, nicht ausschließlich ständig das gleiche zu wiederholen, sondern in vielen „exercises" einmal Gelerntes selbständig zu kombinieren. Diese Art von Fertigkeiten wird häufig als „organisational skills"[114] (Kombinationsfertigkeiten) bezeichnet. Bei der Entwicklung dieser „organisational skills" kann in der Schule zu Beginn sehr wohl eine Bewußtmachung durch Analysieren eines Regelverhaltens stehen. Nur müssen diese konzeptuellen Denkschemata durch Übung und

---

114 Corder, S. Pit (1966)

Wiederholung so eingeschliffen werden, daß sie am Ende des Lernprozesses nicht mehr durch das Bewußtsein, sondern durch ein intuitives Sprachgefühl gesteuert werden. Denn „speech" ist psychologisch dadurch gekennzeichnet, daß man die linguistische Form durch Gewohnheiten und Fertigkeiten meistert, während sich das Bewußtsein nur mit dem beschäftigt, was man sagen will.

Wir müssen aber in der L_2 nicht nur Hören, Sprechen und sprachlich kombinieren können; der Sprachakt ist auch immer an eine bestimmte Situation gebunden. So gesehen ist Sprachlernen ein „learning of new social conventions". Welches Wort, welche Wortkette paßt in diese Situation? Dafür müssen wir die „socio-cultural skills" entwickeln, die es nicht nur mit den fremdsprachlichen Begriffen, sondern auch mit dem „social-cultural field" zu tun haben. Methodisch verlangt dies, daß „speech" nicht nur in Situationen erlebt werden soll (also starke Betonung des motorisch-dramatischen Elements im Lernprozeß), sondern daß diese Situationen auch von den „social-cultural conventions" der englisch-sprechenden Welt bestimmt sein müssen. All das wird sich langsam entwickeln: während die gelenkten Formen des Sprechens und stark ritualisierte Sprechakte in der Anfangsstufe dominieren, werden wir in der 2. Phase der Sekundarstufe I das „Guiding" *langsam* verringern können zugunsten von „free expression". Die Betonung liegt auf „langsam"; nicht selten erwarten Lehrer, daß die Lernenden gegen Ende der Sekundarstufe I in der Lage sind, relativ schnell zu „spontaneous expression" vorzudringen; hier dürfen wir die Schüler nicht überschätzen. Wichtig ist in dieser Phase, daß das „topic" den Lernenden auch wirklich tangiert, daß er aufgrund seines Erfahrungsbereiches *etwas zu sagen hat*. Ebenso entscheidend ist, daß die Sprechtüchtigkeit in dieser Phase neben dem Lesen und Schreiben ständig weitergeübt wird. W. M. Rivers (1970) mahnt zu Recht: „It is as students move into the advanced stage of learning the foreign language that many teachers give up regular training in the speaking skill. The class becomes absorbed in reading and writing, with attempts at discussion of subjects of which the students often have little previous knowledge. The student, with still-fragile speaking habits, is often pushed prematurely into a situation where he is expected to discuss in the foreign language literary concepts and problems for which he does not know the accepted terminology and turns of expression and for which, very often, he has no adequate literary training even in his native language. As a result a pall of silence falls over what has been in previous years an eager and vocal group" (a. a. O., S. 198). Der Schwerpunkt liegt also jetzt stärker auf der Phase der Anwendung (Transfer), um in einer freundlichen und gelockerten Atmosphäre zu möglichst freiem Sprechen vorzustoßen. Hier sei nochmals an das erinnert, was wir bei der Fehlertoleranz bereits erwähnten (vgl. 3.5.3). Erfreulich ist, daß das Sprechen in jüngster Zeit endlich auch Teil der Abschlußprüfungen an den verschiedenen weiterführenden Schulen geworden ist, wodurch der Primat des Mündlichen auch dort Gewicht bekam.

5.2.2 Die Grobziele

Auch bei den „speaking skills" soll ein Raster uns Überblick über jene Grobzielbereiche geben, die wir in der Progression durchlaufen müssen:

▶ 1. Grobzielbereich: „Reproduction"
Der Lernende soll zunächst nur das fremdsprachliche Modell (d. h. einen Satz, evtl. die dazu passende Kurzantwort) *imitieren*. Zu achten ist dabei auf akzeptable Aussprache, auf richtigen Streß, Rhythmus und Intonation. Von Anfang an sollte auf den Gebrauch der „short forms" Wert gelegt werden, ebenso auf die Verbindung von Wörtern vor Vokaleinsatz (glottal stop!). An dieser Stelle kann auch das Vorlesen als Übungsform sinnvoll sein. Wichtig ist, daß wir *nur Texte in Nachsprechübungen einsetzen, die* als *„spoken form of the language"* auch in der Sprachwirklichkeit in mündlicher Kommunikation verwendet werden.

▶ 2. Grobzielbereich: „Recall"
Der Lernende soll jetzt aufgrund der im Kurzzeitgedächtnis gespeicherten „primary matter" die Fähigkeit des *„reproducing"* erwerben: er kann auf Fragen des Lehrers (evtl. später auch auf die Fragen von schneller lernenden Mitschülern) eine *Antwort* geben, die sich freilich *an eine bestimmte Vorlage hält*. Vorbedingung ist dabei, daß er das sprachliche Material genau verstanden hat (vgl. 3.4.7 bis 3.4.13).

▶ 3. Grobzielbereich: „Application"
Der Lernende hat jetzt den Anfangsbereich der Phase *Transfer* erreicht. Er sollte auf Fragen des Lehrers oder/und der Mitschüler eine Antwort geben können, die nicht mehr exakt vorformuliert ist; er erwirbt die Fähigkeit des „producing". Dabei werden bekannte und neue Elemente der Lexis und Grammatik, die im Langzeitgedächtnis gespeichert wurden, neu kombiniert (vgl. 3.5.5). Die Situation bleibt meist noch unverändert, bzw. vom Lehrer manipuliert. Das „Guiding" wird jedoch langsam verringert (vgl. dazu besonders 5.2.3).

▶ 4. Grobzielbereich: „Self-Expression"
Hier haben wir die Phase *Communication* erreicht. Der Schüler soll jetzt z. B. den Dialog nach seinen Bedürfnissen abändern können (siehe 5.2.4 und 5.2.5). Wir stecken nur noch einen gewissen äußeren Rahmen ab (topic, place, role); was jedoch der Lernende innerhalb dieses Rahmens mit der Sprache intendiert, wie er auf Interaktionen der Partner reagiert, bleibt ihm überlassen. Die wichtigsten Kriterien sind Verständlichkeit und effektive Kommunikation, nicht so sehr „fluency", bzw. „grammatical accuracy".

▶ 5. Grobzielbereich: „Synthesis"
Lernstärkere Gruppen sollten jetzt in der Lage sein, nicht nur ihre eigenen Wünsche und Ideen auszudrücken, sie sollten nun je nach situativem Rah-

men, Rolle, Thema und Partner ihren Stil (z. B. registers, choice of language) und ihre Sprecherhaltung variabel einrichten können.

Wir können den Abschnitt „Sprechtüchtigkeit" jedoch erst abschließen, wenn wir das Kernstück dieses Fähigkeitsbereiches, den Dialog, als didaktisches und methodisches Problem gewürdigt haben.

5.2.3 Der Dialog

Seitdem die *linguistische Pragmatik* weitgehend die analytische Sprachsicht der Strukturalisten („corpus centred" view of the language) und die Phase der Bemühungen um eine abstrakte Theorie der Entstehung von Sätzen unter gleichbleibenden Bedingungen mit idealen Sprechern („model centred" view of GT-Grammar) abgelöst hat, seitdem man nicht mehr primär mit den Einteilungstheorien der Satzstrukturen (identifying the minimal units), noch mit der „sentencehood of sentences" beschäftigt ist, hat man den *Sprecher und Zuhörer*, die Situation, die Sprechabsichten und die Wirkungen durch das Sprechen wieder entdeckt; alles Faktoren, die allerdings die Neo-Firthians in England niemals aus den Augen gelassen hatten. Jetzt, da Kommunikation nicht nur Austausch von Intentionen und Informationen, sondern auch Herstellen von zweiseitigen Beziehungen impliziert (wo sogar die Weiterentwicklung des sozialen Aspekts der Sprache bis ins Politische hinein seine Konsequenzen haben soll, weil Intendieren und Akzeptieren von Sprechhandlungen neue soziale Verhältnisse etablieren würden) jetzt hat man bei der Didaktisierung der linguistischen Pragmatik auch den Dialog wieder neu entdeckt.

Freilich handelt es sich nicht um eine Neuentdeckung — Dialoge gab es schon lange[115]. Sie haben sich in neuerer Zeit aus den Gouin'schen Monologen herausentwickelt, wurden unter dem Einfluß der direkten Methode weitergeführt, blieben aber zunächst mehr ein gekünsteltes Aneinanderfügen von einzelnen Phrasen. Bei diesen recht gestelzten Dialogen merkte man sehr schnell, worum es ging: um die Einübung von Lexis und neuen Strukturen. Man übertrug meist die „written form of language" unbesehen auf den Dialog. Hierzu ein Auszug aus einem vermeintlich „modernen" Dialog (Mängel: no short forms / no pause words / no exclamations, style, etc.):

„Father: They are the best pears I have ever had in the garden. Last year there were only nine on the tree. And last year was a good year. But this year has been better. Last year the pears were very good. But this year they are better.

---

[115] Schon bei den Griechen wurde in Dialogform ein Lehrbuch für Latein veröffentlicht (die „Interpretamenta" von Julius Pollux, A. D. 150—208); in neuerer Zeit wurde u. a. 1873 in Philadelphia ein Lehrwerk von Collot für Französisch verfaßt, das nur aus Dialogen bestand; es trug den Titel „Progressive French Dialogues and Phrases".

Peter: I know, Father. They are beautiful pears. But why must they be there in front of my eyes every day? They are so tempting. I can see them every day. I can smell them every day. But I may not eat one."

Denis Girard zitiert in seinem Buch „Linguistics and Foreign Language Teaching" (1972) ein anderes klassisches Beispiel für den völlig unwirklichen Modellcharakter dieser Dialoge:
„La belle demoiselle qui passe là-bas est la voisine de Jeanne à la classe de mathématiques de la capitale" (a. a. O., S. 36). Und das wurde 1962 (!) noch als sinnvolle Übung für einen modernen Fremdsprachenunterricht angesehen.
Nun geben wir freilich gerne zu, daß jeder Versuch, einen Dialog als Lerneinheit (= didaktischer Dialog) zu konzipieren, für den Verfasser an mindestens drei Stellen seine Tücken hat:

— er darf weder zu ungezügelt „echte" Dialoge produzieren, weil diese zuviel an komplexem Sprachmaterial, an halb-durchkonstruierten Satzbauteilen (= „a fumbling for words") etc. miteinschlössen;
— er darf andererseits nicht nur Grammar üben wollen, weil dann die Dialoge nur die Turngeräte für Grammatikparagraphen werden, noch darf er sonstiges Sprachmaterial so gradieren, daß jeder Satz nach Schulbuch schmeckt;
— er kann drittens kaum irgendwo „echte Dialoge" entdecken; wo findet er die „spoken form of language"? Meist entdeckt er (z. B. in Bühnenstücken, Romanen, Filmen) nur „spoken prose"[116] (= mündliche Wiedergabe von Aufgezeichnetem). Spontane Konversation könnte letztlich nur durch Verfahren à la Watergate gewonnen werden, sonst werden sich die Teilnehmer der „Studiosituation" bewußt und sprechen bereits wieder unnatürlich.

Besonders der letzte Punkt wurde häufig übersehen; Abercrombie (1974) hat diesen Mangel klar herausgestellt und darauf verwiesen, daß es überhaupt fraglich ist, ob wir via *Schrift* natürliche Konversation wiedergeben können. Die *entscheidenden* Unterschiede zwischen Prosa und echter Kommunikation liegen wahrscheinlich auf phonetischer Ebene (Intonation / Pausen: „groping for words" / gewisse Aussprachefehler); aber auch gewisse syntaktische Merkmale kennzeichnen echte Konversation (z. B. abgebrochene Konstruktionen / Wiederholungen / „intimacy signals" wie „you know, I mean, sort of" / Füllwörter etc.). Nun möchten wir aber doch nicht so weit gehen wie Abercrombie, der zu folgendem Schluß kommt: „Als Fremdsprachenlehrer sollten wir aber eines nicht vergessen: Immer dann, wenn wir behaupten, gesprochene Sprache zu lehren, unterrichten wir meistens nichts anderes als gesprochene Prosa" (a. a. O., S. 205).

---

116 vgl. dazu die sehr lesenswerte Abhandlung von Abercrombie (in dt. Übers.) bei: Freudenstein, R./Gutschow, H. (1974), S. 197 ff.

Wir möchten doch den Einwand wagen, daß mit einem bestimmten Einfühlungsvermögen und mit einem „Ohr" für „spoken form" auch diese in der Schrift *annähernd* wiedergegeben werden kann. (Sind, um ein extremes Beispiel anzuführen, Ludwig Thomas Dialoge wirklich nur Prosa?)
Wie dem auch sei: wir sind im FU schon froh, wenn wir einigermaßen echte Dialoge bekommen; nachdem wir ja *durch den Dialog etwas lehren wollen*, muß er sowieso, wie vorher schon angedeutet, *„didaktisiert"* werden. Zum anderen: die Unnatürlichkeit der meisten Lehrbuchdialoge ist nicht nur linguistischer Art, sie ist vorab *pragmatischer* Art.

5.2.4 Der Dialog unter dem Aspekt der linguistischen Pragmatik

Dialoge können Beziehungen herstellen, sie können Intentionen verbalisieren, sie müssen mit anderen Worten „speech acts" ausdrücken. Aber an diesem Punkt scheitern viele Lehrbuchdialoge. Manchmal ist es beim besten Willen nicht möglich herauszufinden, welche Absichten verwirklicht werden sollen, welche Entscheidungen getroffen werden, was durch Sprache geschehen soll. Und *wenn* man das herausfinden hat können, wird man nicht zu selten feststellen müssen, daß jemand, der diese oder jene Sprechabsicht hat, dann kaum sprachlich das so umsetzte, wie dies im Lehrbuch geschieht.
Auch ein didaktischer Dialog sollte gewissen pragmalinguistischen Kriterien standhalten können. Dazu ist nötig:

1) daß zwei Aspekte *eines Sprechaktes* klar erkennbar und stimmig sind:

act-components	formal components
Handlungsaspekt ⟷	*Inhaltsaspekt*
(das, was der Sprecher mit seiner Äußerung bewirken will)	(das, worauf der Sprecher in seiner Äußerung hinweist)

2) daß die zwei Aspekte *der Äußerung* berücksichtigt wurden:

Redefunktion ⟷	*sprachliche Form*
(z. B. der Sprecher will zu etwas auffordern)	(z. B. er kann dies in Form eines Fragesatzes tun)

3) daß die einzelnen Sprechakte und ihre Beziehung zueinander zu einem sinnvollen Gesprächsmodell vereint wurden, d. h. daß die *zwei Aspekte des Gesprächs (der Interaktion)* berücksichtigt wurden:

Interaktionsschema ⟷	*Thematik*
(natürliche Abfolge der einzelnen Sprechakte)	(das, worüber gesprochen wird)

Worauf es uns bei unseren didaktischen Planungen ankommt, ist nun nicht der theoretische Aspekt des Phänomens „Sprechhandlungen", sondern die Tatsache, daß durch eine saubere Konzeption eines Dialogs

— der Lehrstoff überschaubar wird;
— und der Unterrichtsverlauf auf der Transferebene besser planbar wird.

Somit konstituiert sich kommunikative Kompetenz in dieser Sicht auch wesentlich konkreter:
Sie besteht darin, daß wir die Handlungskomponenten (Handlungsaspekt/Redefunktion/Interaktionsschema) und die formalen Komponenten (Inhaltsaspekt/sprachliche Form/Thematik) erfolgreich integrieren und anwenden können.
Es müssen also durch den Dialog erworben werden:

— die Beherrschung der formalen Mittel;
— die Fähigkeit, in einem Interaktionsschema Sprechakte auszuführen;
— die Fähigkeit, die oben angeführten Komponenten situativ angemessen zu berücksichtigen.

Wir brauchen demnach in unseren Lehrwerken Dialoge, die in bestimmten situativen Rahmen typische Interaktionsschemata anbieten, wobei unsere Lernenden nur Rollen übernehmen sollen, mit denen sie sich wahrscheinlich in der Realität identifizieren müssen (evtl. muß der Lehrer z. B. die Rolle des Arztes übernehmen).
Werfen wir noch einmal einen genaueren Blick auf das Interaktionsschema:
Was konstituiert ein solches Interaktionsschema?
Es sind dies:
— *Aktionen* durch den Sprecher;
— *Interaktionen* durch den Partner;
— *Entscheidungspunkte* (wo dann mehrere „courses of action" stattfinden können, für die wir in der Transferphase *Verzweigungen* entwickeln müssen), die dann zu neuen Aktionen führen.

Solche Handlungen im Prozeß der „speech acts" werden „Pragmeme"[117] genannt. Zeichnen wir den Ablauf in Form eines Diagramms auf, so entsteht ein „Praxeogramm" oder eine sog. „flowchart".
Solche Skizzen geben uns den generalisierten Ablauf von „speech acts". Didaktisch sind sie relevant, weil wir dabei erkennen können,

— welche *Verzweigungen* an welchen Stellen einplanbar sind (z. B. man kann einen Vorschlag annehmen/ablehnen / eine Entscheidung verschieben);
— welche Übertragungsmöglichkeiten es für dieses Praxeogramm in andere situative Rahmen gibt (z. B. wo kann man noch Vorschläge dieser Art annehmen/ablehnen /eine Entscheidung hinausschieben).

Hierzu ein Beispiel (den Dialog haben wir entnommen aus English Teaching Forum)[118]:

---

[117] Der Ausdruck wurde in *dieser* Bedeutung von K. Ehlich vorgeschlagen; siehe D. Wunderlich Hrsg. (1972), S. 224 ff.
[118] English Teaching Forum, Vol. X, May-June 1972, No 3, p 7

Flow chart

„Dialog:	Interaktionsschema der einzelnen „speech functions":
Jean: I think this material is much prettier than that, don't you?	A: Bekundung einer Vorliebe — Aufforderung zur Meinungsäußerung an B
Lois: Well, I don't know. I like them both. Why do you like that one better?	B: Bekundung von Unschlüssigkeit Aufforderung zu Begründung
Jean: Well, the design is more interesting and the colours are brighter. And it's not as expensive, either.	A: Begründung (Nennen von Vorzügen: Komparativformen)
Lois: Oh, I see what you mean. And besides, these colours are more becoming to you.	B: Zustimmung — Bekräftigung (Nennen eines weiteren Vorzugs: Komparativform)
Jean: Do you really think so? I'll buy it then.	A: Vorsichtige Annahme der Zustimmung und Bekräftigung Bekanntgabe des (Kauf-)Entschlusses"

Die weitere didaktische Aufbereitung dieses Dialogs wird drei methodische Phasen umschließen:

1) Wir können für eine *lernschwächere* Gruppe nach der *rezeptiven* Verarbeitung die sprachlichen Elemente für die *produktive Gestaltung vereinfachen.*
   (z. B. *statt:* I think this ...
   erwarten wir nur: This material is nice.
   statt: Well, the design is more interesting ...
   erwarten wir nur: Well, it's more interesting and the colours are brighter. And it's cheaper.)
2) Wir bleiben bei demselben Praxeogramm, verändern nur die formale Seite:
   (z. B. *statt:* „material" substituieren wir:
   blouse/shirt/skirt
   mit entsprechenden Modifikationen bei den Adjektiven.)
3) wir variieren bei den Entscheidungspunkten, lassen das Thema unverändert; so können wir die *Interaktionen* des Partners verändern:
   (z. B. *statt:* Well, I don't know ...
   kann B sagen: „Why do you ask me?
   You never ask for my advice.
   Do what you like" etc.)

5.2.5 *Die methodische Aufbereitung des Dialogs*

Die Erörterung des Praxeogramms hat uns bereits in die *methodische Aufbereitung des Dialogs* hineingeführt. <u>Wir werden in der gesamten Sekundarstufe I</u>

den Dialog zum Mittelpunkt des Fertigkeitsbereiches „Sprechtüchtigkeit" machen,

— weil er in einmaliger Weise vereint: form and use of language; ✓
— weil er dabei viele Teilelemente der Sprache berücksichtigt, die sonst kaum beachtet werden, wie z. B. connectives/rejoinders/interjections/pause words/tags;
— weil bestimmte, wichtige Verbgruppen ins Spiel kommen, wie z. B.
 Repräsentativa (I admit . . .)
 Kommunikativa (I mean . . .)
 Konstativa (I'm sure that . . .)
 Regulativa (Sorry to bother you, but would you . . .)
— weil sowohl Elemente
 { der Prosodie,
 der Grammatik,
 des Alltagswortschatzes,
 des „register-switching",
 des „way of life",
 des illokutiven Sprechakts
 (was will der Sprecher erreichen?)
 wie auch des perlokutiven Aspekts
 (wie reagiert der Partner?) }

berücksichtigt werden. Gerade die Fülle dieser Elemente zeigt, daß der Dialog ein Lernziel für die gesamte Sekundarstufe I sein muß.

Welches sind nun die Kriterien für einen guten *didaktischen* Dialog?

1) Ein didaktischer Dialog, besonders in der Anfangsphase, sollte ein, höchstens zwei *klar erkennbare Lernzielbereiche umfassen* (z. B. er lehrt bestimmte kommunikative Feinziele / er enthält eine bestimmte grammatische Struktur / er schließt ein spezielles sprachliches Feld ein / er zeigt bestimmte neue „social conventions" auf / er stellte verschiedene sprachliche Register vor).

2) Ein guter didaktischer Dialog ist einmal *situativ klar* angelegt; sein *Praxeogramm* oder seine flow chart sind *modifizierbar* und *transponierbar**.

3) Der Dialog entspricht der von uns geforderten *Annäherung an die „spoken form"* der Sprache. Er spiegelt akzeptables, übliches Sprachverhalten (z. B. short forms!).

4) Der didaktische Dialog darf *nicht zu lang* sein. Manche Lehrbücher bieten Dialoge im Umfang von zwei Seiten! Er sollte *nicht mehr als 3 Partner* als Interaktanten haben, sonst verliert er für den Lernenden die überschaubare pragmatische Dimension.

---

* vgl. dazu die „Act the Scene"-Teile des Lehrwerks „English in Action 1 H", Langenscheidt-Longman, München, 1978

5) Ein guter didaktischer Dialog soll in der Regel *in seiner Rollenverteilung ausgewogen* sein; d. h. unter anderem, daß jeder der drei Interaktanten ungefähr gleich viel spricht.

a) Für den Anfangsunterricht jedoch (oder auch später bei lernschwächeren Gruppen) werden wir aus methodischen Gründen von dieser Forderung abweichen. Hier bevorzugen wir Dialoge, in denen die Partnerrollen *nicht gleichgewichtig sind*; es soll ein Verhältnis der Dominanz des Hauptpartners bestehen; der/die andere/n Partner ordnen sich seinem Informationsfluß unter. Bludau[119] hat diesen Typ von Dialog in Anschluß an Posner[120] als *reaktiven Dialog* bezeichnet, er ist gewissermaßen das Grundmodell für den FU. Der kommentierende Partner ist auf eine untergeordnete Rolle festgelegt, sein Anteil am Dialog besteht hauptsächlich in konventionell-formelhaften Bestätigungen (z. B. Yes, I can / Really? / That's so true / Yes, he is / Of course / No, it isn't, etc.). Dieser Typ ist günstig für den *Anfangsunterricht,* weil zunächst *der Lehrer* die Dominanzrolle übernimmt, während die noch zögernden und sprachlich unsicheren Lernenden die relativ einfachen Rollen übernehmen und dabei schnell zu einem Erfolgserlebnis kommen können. Nachdem der Anfangsunterricht oft in heterogenen Lerngruppen erfolgt, werden sich bald schnellere Lernende für die Übernahme der Dominanzrolle finden lassen.

b) Nach einer gewissen Anlaufzeit sollte jedoch der Dialog für lernstärkere Gruppen im Hinblick auf die Partnerrollen ungefähr ausgewogen sein. Der kommentierende Partner geht auf die kommunikativen Intentionen des Dialogpartners ein, die Äußerungen der Sprecher sind eng aufeinander bezogen. Hier liegt dann ein *direkter Dialog* vor.

c) Bludau verweist noch auf zwei andere Möglichkeiten der Rollenverteilung:
— der *aktive Dialog* ist gekennzeichnet von der Tatsache, daß die Dialogpartner sich nur indirekt kommentieren, weil dieser Typ von Dialog die Möglichkeit für den einzelnen miteinschließt, dem Gespräch eine völlig neue Richtung zu geben; es handelt sich also um eine Form, die einen hohen Grad an Freiheit der Gesprächspartner präsentiert, und somit erhebliche Sprachbeherrschung voraussetzt. (Nur für lernstarke Gruppen am Ende der Sekundarstufe I.)
— der *umlaufende Dialog,* in dem die Gewichtung der Partnerrollen und damit die partnertaktischen Programme der Beteiligten ständig wechseln; er kann mit guten Lerngruppen in der zweiten Hälfte der Sekundarstufe realisiert werden.

---

119 siehe: Bludau, M. (1975), S. 251 ff.
120 Posner, R. (1972)

6) Ein guter didaktischer Dialog sollte *kompakt* sein, d. h. er soll eine geschlossene Einheit darstellen. Julia M. Dobson (in: English Teaching Forum, Vol. X, No. 3, p. 22) fordert eine passende „curtain line" am Ende des Dialogs. Kompaktheit hilft den Lernenden, wenn es darum geht, den Dialog auswendig zu lernen.

7) Schließlich sollte das Thema des Dialogs den *Bedürfnissen,* den *Interessen* und *Fähigkeiten der Lerngruppe* entsprechen, mit anderen Worten, er sollte eine entsprechende *Relevanz* aufweisen.

Haben wir bislang dargelegt, *warum* der Dialog eine zentrale Rolle in unserem Unterricht spielen wird und geklärt, *nach welchen Kriterien* ein didaktischer Dialog zu bereiten ist, so müssen wir jetzt noch ein Verfahren vorschlagen, *wie er im Unterricht behandelt werden kann*. Für die einzelnen Phasen schlagen wir folgenden Grobraster vor:

a) Vor allem in der Anfangsphase der Sekundarstufe I wird es günstig sein, wenn der Lehrer anhand einer Tafelskizze den Ort, die Zeit und die Personen des Dialogs vorstellt. Unter Umständen muß jetzt — wie bei jeder Sprachaufnahmephase — noch einiges neues Vokabular eingeführt und semantisiert werden.

b) Dann hören die Schüler den neuen Dialog ein- oder zweimal vom Tonband; evtl. ergänzen wir das erste Anhören durch Bilderreihen, Dias oder film-strip; besonders im Anfangsunterricht ist dies wegen des größeren sensorischen Effekts wünschenswert.

c) Durch ein nachbereitendes kurzes Lehrer-Schülergespräch wird das *Grobverständnis* abgesichert.

d) Wir teilen nun den Text aus, damit die Lernenden den Dialog beim nochmaligen Anhören still mitlesen können.

e) Durch Ergänzungsfragen zu einigen schwierigeren Stellen des Dialogs sichert der Lehrer jetzt das *Feinverständnis* ab, dann lesen die Schüler den Dialog laut vor (chorus reading/evtl. entsprechende Nacharbeit im Sprachlabor).

f) Im Anschluß daran wird der Dialog (je nach Zahl der Interaktanten) in Partner- oder Teilgruppenarbeit im Sinne der „Read-Look up- & Speak"-Methode durchgearbeitet.

g) In der Regel werden die Phasen a) bis f) eine Unterrichtsstunde beanspruchen. Zu Beginn der neuen Stunde wird nun der Text durch den Tageslichtprojektor nochmals als ganzes vorgegeben[121]; einzelne Teilgruppen übernehmen jetzt die verschiedenen Rollen und lesen zunächst nochmals laut vor; dann wird der Text, wie wir das schon bei 3.5 dargestellt haben, *schrittweise*

---

[121] Für *lernschwächere* Gruppen wird dann der Text vereinfacht (Reduktion des Dialogs), weil manche Sprechäußerungen zwar rezeptiv, aber nicht produktiv zu bewältigen sind.

„*verdünnt*", bis die einzelnen Gruppen / oder Schüler nur noch anhand eines „skeleton" bereits relativ frei sprechen. Zum Abschluß wird der Dialog ohne „skeleton" nachgespielt.

h) In dieser Phase wird nun der ursprüngliche Dialog *abgewandelt,* wie wir das bereits beim Interaktionsschema exemplarisch erläutert haben. Die Stufen dabei sind:
— Arbeit an den *thematischen* (= sprachlichen) Elementen des Dialogs in Form von Substitution/Extension (führt zur „context substitution");
— Veränderungen am *Interaktionsschema:* wir machen die Entscheidungspunkte anhand einer flow chart (vgl. English in Action,2 H. Langenscheidt-Longman (1979, 27) bewußt und lassen hier neue Aktionen entwickeln; dieser Schritt wird am besten in Teilgruppenarbeit durchgeführt (vgl. 3.5.7). Die Gruppen erarbeiten anhand der Verzweigungsmöglichkeiten auf Arbeitsbogen neue Dialogteile aus. Im Kontaktunterricht werden diese dann besprochen, evtl. wird ein neuer Gesamtdialog erstellt. Bei *lernschwächeren* Gruppen kann die flow chart an den Verzweigungspunkten bereits mehrere neue Varianten vorgeben. Die Schüler suchen die Variante aus, die ihnen am sinnvollsten erscheint.

Insgesamt kann also variiert werden an folgenden Punkten:

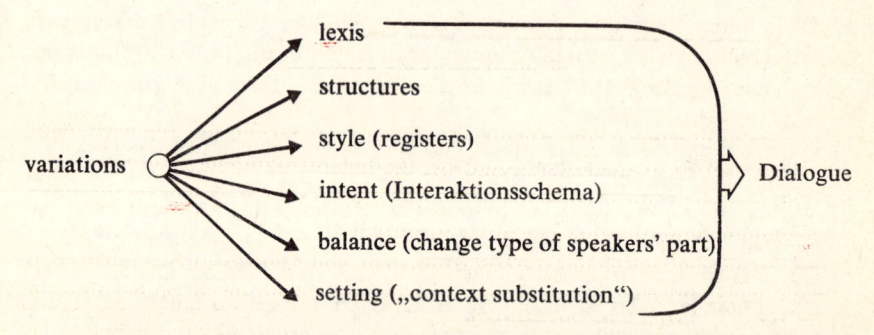

```
                    → lexis
                    → structures
                    → style (registers)
variations ○        → intent (Interaktionsschema)     ⟩ Dialogue
                    → balance (change type of speakers' part)
                    → setting („context substitution")
```

i) In der letzten Phase (free expression) sollte in Teilgruppenarbeit ein neuer Dialog geschrieben werden. Der Lehrer gibt nur noch den Kern eines Dialogs in Form eines *ersten* Interaktionsschemas vor, das nun zu einem neuen Dialog entwickelt wird. Nach der schriftlichen Ausarbeitung spielen die einzelnen Teilgruppen der Klasse die neuen Dialoge vor. Eine weitere Gestaltungsmöglichkeit für diese Phase erwähnen J. J. Kohn und P. G. Vajda (1975, a. a. O., S. 385): „Another peer-mediated but decontrolled oral production activity involves role-play. Students in pairs or groups are assigned roles to play, as described on three-by-five cards. The cards describe the position of each character and may supply one or two lines of dialogue. The teacher sets up the situation by describing the events of the dialogue. The participants then re-enact the event... The experienced teacher can imagine many variations on this theme: providing application forms for students to work with to simulate job interviews; giving students a shopping list and assigning others the role of grocer; providing students with a list of complaints about a product bought at a hypothetical department store and assigning others to be managers of the complaints office of the store. In all such role-play situations, the format of the class is variable, with groups ranging from two or three students up to groups including the whole class!"

Mit diesem Grobraster, der nicht den Anspruch auf Vollständigkeit erhebt, haben wir hoffentlich dem Leser genügend Impulse für eine lebendige Planung der Arbeit mit Dialogen vermittelt.

5.3 Das Leseverstehen

Hier handelt es sich um die Fähigkeit, die Schriftsymbole schnell wahrzunehmen und ihren Inhalt zu verstehen; die Schüler sollen also einen fremdsprachlichen Text, der ihrem Leistungsstand entspricht, immedial und auch ohne Hilfe des Lehrers verstehen können.
Nun ist sich zwar die Linguistik noch nicht einig, was genau unter „Texten" zu verstehen ist, aber es mag für unsere Zwecke genügen, wenn wir von Texten erwarten:

— daß sie *nicht* einfach eine Aneinanderkettung von Sätzen sind, die nach demselben Prinzip zu analysieren sind wie die Innenstruktur eines Einzelsatzes;
— daß sie ihrer Natur nach weitgehend pragmatisch sind, d. h. daß sie *für einen Kommunikationspartner* geschrieben wurden;
— daß sie deshalb auch eine gewisse Konsistenz und Folgerichtigkeit aufweisen, und dabei entweder generelle oder partikuläre Erfahrungen, Vorstellungen, Gefühle und Wünsche übermitteln.
— daß sie von den Lesern interpretiert werden können, wobei voneinander abweichende Interpretationen von *literarischen* Texten bei der Unterschiedlichkeit der Leser nur allzu natürlich sind; je nach Erfahrungsstand und Ausbildung ihrer Lesefähigkeit werden sie die ihnen jeweils adäquaten Informationen entnehmen.

Daß eigentliche literarische Texte im engeren Sinne für die Sekundarstufe I die Ausnahme bilden werden[122], erklärt sich aufgrund der Eigenart von literarischen Texten: sie erweisen sich als besonders anspruchsvoll, weil sie eine verdichtete, komplexe, „sinnaufgeladene" Form darstellen, wo *alle* Elemente eines Textes

---

[122] Das schließt natürlich die gelegentliche Begegnung z. B. mit einem Gedicht nicht aus; vgl. dazu E. Gramsch (1971), S. 188 ff.

sinntragende Elemente sind. Für sie gilt Ezra Pounds Bemerkung „Great literature is simply language charged with meaning to the utmost possible degree"[123]. Im allgemeinen werden wir uns auf der Sekundarstufe I an folgende Texte halten:

1) sog. „simplified" readers (u. a. bei Longman erschienen) als Einführung in das selbständige Lesen;
2) Berichte und Kommentare zu aktuellen Themen (Zeitschriften, Zeitungen), Anzeigentexte;
3) einfache narrative Texte, Sachbeschreibungen;
4) einfache Abenteuer- und Unterhaltungsliteratur.

Dabei legen eine Reihe von Untersuchungen die Annahme nahe, daß bereits mit einem Mindestwortschatz von ca. 3000 Wörtern zwischen 80–90% aller Durchschnittstexte erfaßt werden können. Salistra[124] weist nach, daß etwa 6% unbekannter Wörter das Leseverständnis noch nicht in erheblichem Maße beeinträchtigen. Nach diesem recht knappen Exkurs über Texte[125] wollen wir unsere Aufmerksamkeit wieder der *Fähigkeit des Lesens* zuwenden.

5.3.1 Der Richtzielbereich „Lesen"

Das Lesen ist ebenso wie das Sprechen ein wesentlicher Bestandteil unserer kommunikativen Kompetenz. Wir entschlüsseln einen Text, indem wir den *Inhalt* mit unseren Gedanken, Begriffen und Erfahrungen vergleichen; dabei verleihen wir dem Text eine *Bedeutung,* die von *uns* geschaffen wird. Der Leser ist also keineswegs „passiv"; es kann auch nicht davon ausgegangen werden, daß — jenseits von reinen informativen Texten — die Bedeutung, die der Leser bei der Texterarbeitung gewinnt, unbedingt identisch sein muß mit der des Autors oder der von anderen Lesern. Welche *Bedeutung* wir bei der Auseinandersetzung mit fiktionalen oder problem-orientierten Texten gewinnen (analysing/interpreting), wird immer von unseren eigenen intellektuellen und kulturellen Erfahrungen abhängen. Lesen *in diesem Sinne* wird freilich erst in der 2. Phase der Sekundarstufe I möglich sein. Die reine *Informationsentnahme* (decoding) hingegen kann und soll von Anfang an geübt werden. Gründe hierfür sind u. a.:

1) Das Lesen gehört zu den wichtigsten Kulturtechniken, die den Schülern ja bereits vertraut sind; sie erwarten, diese auch in der L_2 einsetzen zu können.
2) Das Lesen stellt eine Lernhilfe dar[126]; es festigt die Lexis und Strukturen, es bietet sich als wichtiges Mittel des „recall" (vgl. 3.4.1) an, das den Lernenden auch zu Hause zur Verfügung steht.

---

123 zitiert nach: Schrey, H. (1973), S. 5, Fußnote 6
124 Salistra, I. D. (1962), S. 170
125 vgl. zu dieser Thematik u. a. „Der fremdsprachliche Unterricht", Heft 27, August 73
126 vgl. dazu u. a. W. M. Rivers (1964), S. 94 und S. 112

3) Auch das Lesen ist ein wichtiges Mittel zur Kommunikation, das aufgrund seines statischen Charakters bei der Darbietung gewisse Erleichterungen gegenüber der mündlichen Kommunikation gewährt.
4) Beim Lesen nimmt der Lernende sprachliches Material auf, er speichert es im Sinne von H. E. Palmer als „primary matter", auf das er später wieder zurückgreifen kann, wenn es darum geht, einen Gedanken mündlich oder schriftlich auszudrücken. Gerade im Hinblick auf die Entwicklung der Schreibtüchtigkeit stellt das Lesen von verschiedenen Texten in der L_2 eine unabdingbare Vorbereitung dar.

Wir werden allerdings diese Fertigkeit behutsam und wohlausgewogen gegenüber dem Hören und Sprechen heranbilden, weil wir uns für den Anfangsunterricht auch gewisser *Gefahren* des Lesens bewußt sind:

1) Manche Lernenden tendieren dazu, die ihnen vertraute Verbindung von Graphemen und Phonemen auf die L_2 zu übertragen; somit *kann* das Schriftbild das Klangbild störend beeinflussen.
2) Wie bereits früher erwähnt (3.3), könnten wir die Schüler daran gewöhnen, Sprache mehr mit dem Auge als mit dem Ohr aufzunehmen; beachten wir die Rangfolge der Grundfertigkeiten im Anfangsunterricht nicht, so besteht die Gefahr, daß unsere Schüler den Text brauchen, um Sprache zu verstehen, weil das Hörverständnis unterentwickelt blieb.
3) Da das Lesenlernen in der L_2 einen nicht zu unterschätzenden Zeit- und Energieaufwand erfordert, könnte sich das negativ auf die Ausbildung der Sprechfähigkeit auswirken.

Von diesen potentiellen Gefahren könnte jedoch nur die zweite nach unserer Erfahrung eine ernstzunehmende Fehlentwicklung des Englischunterrichts heraufbeschwören. Hier können wir dadurch präventiv wirken, indem wir immer wieder Texte *nur* durch das auditive Verfahren darbieten, um so das Hörverständnis regelmäßig zu schulen. Was die erste Gefahr betrifft, also die des negativen Transfer des Schriftbilds auf das Klangbild, so werden wir im Anfangsunterricht die Abfolge „Hören — Sprechen — Lesen" einhalten; damit wird diese Gefahr weitgehend abgewendet. Völlig läßt sich das Interferenzproblem allerdings nicht ausschalten. W. M. Rivers (1964) schreibt dazu: „This interference problem with the written script will have to be faced at some stage. In Language Laboratory Learning, Marty discusses his experiments, at Middlebury and elsewhere, in varying the length of the time lag between oral study of foreign-language material and its presentation in written form. ‚All our experiments', he says, ‚clearly indicate that no matter how long or how short the time lag the introduction of the spelling presents the same potential danger. The students with superior or good linguistic ability usually avoid this danger; no matter how long or how short the time lag, they learn to spell without difficulty and without endangering their speech habits... The students with mediocre or poor linguistic ability... find that their speech habits are constantly threatened by the spelling they are learning... Thus, in spite of many articles to the contrary, we have found that a long time lag does not produce better audio-oral results than a short one" (a. a. O., S. 111).

Die dritte Gefahr wird bei einer sinnvollen Planung vermieden, wenn wir das „principle of proportion"[127] beachten und das „reading for information" nur immer im Blick auf die Ausbildung *aller vier Fertigkeitsbereiche* einplanen. In diesem Sinne wird sich das Lesen als ein integraler Richtzielbereich des modernen Englischunterrichts erweisen, weil er über das Mitlesen zum *sinnentnehmenden stillen Lesen* führt, das eine sprachfördernde und motivierende Kommunikationsform darstellt.

5.3.2 Die Grobziele

Fragen wir uns jetzt, in welcher Rangfolge die einzelnen *Grobziele* bei diesem Fertigkeitsbereich angeordnet sein müssen, um zu diesem Grad von Lesefertigkeit zu kommen:

▶ 1. Grobzielbereich: „Perception"

Der Lernende erwirbt die Fähigkeit zum stillen Mitlesen, er kann beim Anhören des Klangbildes das entsprechende Schriftbild erkennen.

▶ 2. Grobzielbereich: „Recognition"

Der Lernende versteht die Bedeutung von bekannten Texten; er kann bestimmte Passagen z. B. mit entsprechenden Bildern verbinden. Er kann jetzt bereits in *Wortgruppen* dekodieren, d. h. er vermag in Wortgruppen zu denken. Um das zu erreichen, muß er gelernt haben, mit einem Blick auf gewisse „structural clues"[128] (gebundene Morpheme, connectives, conjunctions, adverbial adjuncts etc.) zu achten. Er erkennt die zusammenhängenden Wortgruppen („content clues") und kann aufgrund dieser Art des Lesens *antizipieren,* was ungefähr folgen muß. All diese Tätigkeiten gehören zur „Recognition" des sprachlichen Kodes in seiner grafischen Form. Damit sich diese Automatismen am Ende der Übungsphase wirklich entwickeln, muß dieser schwierige Prozeß dadurch erleichtert werden, daß im Anfangsunterricht das meiste Sprachmaterial, das der Schüler lesend zu verstehen hat, bereits in der mündlichen Phase aufbereitet wurde.

---

127 vgl. dazu H. E. Palmer (reprinted 1964), p. 79
128 Diese am Anfang heraussuchen und unterstreichen lassen!

▶ 3. Grobzielbereich: „Reception"

Hier geht es um den Transfer. Der Lernende soll jetzt in der Lage sein, weitgehend bekannte Lexis in neuen Kombinationen lesend zu verstehen. Dazu eignen sich oft Texte, die zu einem bestimmten Thema auch in anderen Lehrwerken angeboten werden. Der Lehrer soll den Lernenden dazu bringen, daß dieser ohne seine Mithilfe einen neuen Text dekodieren und interpretieren kann. (Lernzielkontrolle z. B. durch „multiple choice questions")[129].

Um das zu erreichen, müssen wir — ungefähr ab dem 7. Schuljahr — den Schüler auch in den richtigen Gebrauch eines Lexikons einführen.

▶ 4. Grobzielbereich: „Comprehension"

Wir haben jetzt die Phase der „Communication" erreicht. Der Schüler soll nun in der Lage sein, Texte lesend zu verstehen, die auch unbekanntes sprachliches Material enthalten; er sollte befähigt sein, Unbekanntes aus dem Kontext abzuleiten („the art of skilful guessing"); er kann die wesentlichen Informationen aus dem Text entnehmen, wenn auch einmal eine kleinere Textstelle nicht völlig verstanden wird. (Für diese Phase eignen sich am Anfang besonders die „simplified readers", die ein flottes sinnentnehmendes Lesen aufgrund der reduzierten Schwierigkeit fördern.) Lernzielkontrollen: Kurze Antworten auf Fragen zum Text; knappe Zusammenfassungen von Textstellen, mündlich oder schriftlich; Auflistung der wesentlichen Grundgedanken; Überschriften finden lassen; rapid-reading tests: Zeit für sinnentnehmendes Lesen vorgeben, dann Kontrolle des Verständnisses durch „multiple-choice test".

▶ 5. Grobzielbereich: „Analysis/Evaluation"

Lernstärkere Gruppen können jetzt gewissermaßen zwischen den Zeilen lesen. Es geht hier um die Einarbeitung des Inhalts in die Erfahrungswelt des Lesers, wie wir das in 5.3.1 beschrieben haben.

5.3.3 Die Arbeit mit der Ganzschrift/Lektüre

Ehe wir die Untersuchungen zu diesem Fertigkeitsbereich abschließen können, wollen wir noch in einer knappen Übersicht einige *methodische Maßnahmen zum Unterricht mit einer Lektüre* bzw. *einer Ganzschrift* vorschlagen.
Wenn wir uns — am besten zusammen *mit der Klasse* — für eine bestimmte Lektüre innerhalb der Sekundarstufe I entscheiden, so sollte einmal der Text

---

[129] Um sich Arbeit zu ersparen, ist es sinnvoll, daß das Team von Fremdsprachenlehrern an einer Schule die entsprechenden Tests in einem „pool" sammelt und zur Verfügung hält.

nicht zu umfangreich sein, weil es sich in der Praxis als Nachteil erwiesen hat, wenn die Behandlung einer Ganzschrift mehr als ca. 4 Wochen Zeit in Anspruch nimmt; das Interesse der Leser erlahmt sonst. Der ausgewählte Text sollte darüber hinaus vom Durchschnitt der Klasse als relativ leicht empfunden werden, weil ein Übermaß an neuer Lexis und schwierigen Strukturen die Lesefreude unserer Schüler hemmen würde; es ist außerdem klar, daß wir im FU für die Auswahl der Lektüre jene psychologischen Kriterien heranziehen, die auch für die muttersprachliche Lektürewahl relevant sind.

Daß die Ganzschrift weitgehend eine andere Funktion im FU hat als das Lesestück der Lektion, dürfte evident sein: es geht hier primär nicht um die Einführung von bestimmten kommunikativen Sprechäußerungsmustern, nicht um Lexis und Strukturen, sondern darum, bereits erworbene Fähigkeiten und Kenntnisse in einem neuen Kontext zu erproben.

Ein wichtiges Ziel dabei ist die Erwartung, daß der Schüler Neigung und Mut bekommt, auch außerhalb der Schule und ihres Zwanges fremdsprachliche Ganzschriften zu lesen (Sensibilisierung für das Lesen). Daß die Lektüre darüber hinaus den Zugang zu Elementen der Landeskunde ermöglicht, haben wir bereits an anderer Stelle (4.2) erörtert. Auf die dabei auch implizierten Gefahren (Entstehung von Klischees, etc.) hat Gerald Fleming[130] ausführlich verwiesen.

Nachdem die Funktion der Lektüre eine andere ist als die des Lesestückes der Lektion, muß notwendigerweise die *Darbietungsweise verschieden* sein. Anstelle der intensiven Beschäftigung mit den einzelnen sprachlichen Elementen wird bei der Lektüre weitgehend eine *extensive* Behandlung vorgezogen werden. Für eine andere methodische Behandlung spricht auch schon die an sich paradoxe Situation des sinnentnehmenden *stillen* Lesens im Klassenverband. Anthony Adams und John Pearce (1974) haben dies so umrissen: „Reading is a solitary activity, and school as a public place is ill-suited to it" (a. a. O., S. 70).

Gegen den Hintergrund dieser Überlegungen möchten wir folgendes Verfahren für die Lektürestunde vorschlagen:

▶ Der Lehrer gibt zunächst eine kurze situative Einführung bzw. eine Zusammenfassung des bislang Gelesenen[131].

▶ Ein neuer *Textabschnitt* wird dann im Sinne des *extensiven Lesens* im *kursorischen Verfahren* erarbeitet (die Textstelle kann u. U. bereits zu Hause vorbereitend gelesen worden sein). Schnelles Lesen und *Erfassen der wesentlichen Informationen* sind hier die Ziele. Die Lernenden sollen Freude am Lesen bekommen, deshalb werden *keine Detailfragen* zu den sprachlichen Systemen gestellt. Nach der vom Lehrer angegebenen Zeitspanne wird der

---

130 Fleming, G. (1974), S. 170 ff.
131 Unter Umständen wird sich hier die Semantisierung von einigen schwierigen und für das Textverständnis unbedingt wichtigen Wörtern anschließen, von denen wir annehmen, daß die Schüler sie nicht aus dem Kontext erschließen können.

Text *inhaltlich,* am besten durch einen „multiple-choice test" überprüft. (Wenn das Lesen bereits zu Hause geschehen ist, können wir natürlich die Verständniskontrolle früher ansetzen.)
▶ Dann wird eine weitere Passage in Teilgruppenarbeit erschlossen. Dabei können u. a. folgende Arbeitsaufträge gegeben werden (natürlich sind bei lernschwächeren Gruppen Abstriche zu machen):

Find the recurring themes of this section / Write down the chief points / Find heading(s) for this section / What are the main ideas? / List the verbs or adjectives used in the description of the characters / Answer the following questions on the text (Inhaltsfragen oder Fragen, die eine Stellungnahme der Gruppe evozieren zu einer Feststellung über den Autor oder sein Werk) / Write a short summary / Paraphrase the sentence in line ... / Change this narrative section into a dialogue / Where in this section do you find examples of the irony, sense of humour, etc. used by the author? / Is this an action-orientated part of the story? Or is it largely a descriptive part? / Who depicts the scenes, who tells the narrative? (uncover point of view) / Find figures of speech (metaphors, similes).

▶ Auch die Tafel kann, wie uns die Praxis zeigte, an dieser Stelle zur Unterstützung herangezogen werden: Der Lehrer oder eine entsprechend begabte Teilgruppe läßt dort zu der Textstelle ein „plot-diagram" entstehen[132], das den *Handlungsverlauf* durch „key-words" und durch Pfeile und Symbole *visualisiert;* damit können wir zum Überblick verhelfen und das Lesen wesentlich erleichtern.
▶ Als nächstes wird sich der Lehrer von den Teilgruppen die Ergebnisse melden lassen. Er faßt sie zusammen, bestätigt oder stellt richtig.

Besonders wichtige Stellen können dann im Kontaktunterricht durchdiskutiert werden. Je nach Textstelle und je nach Leistungsstand der Lerngruppe können wir die Diskussion nach folgenden Gesichtspunkten lenken:

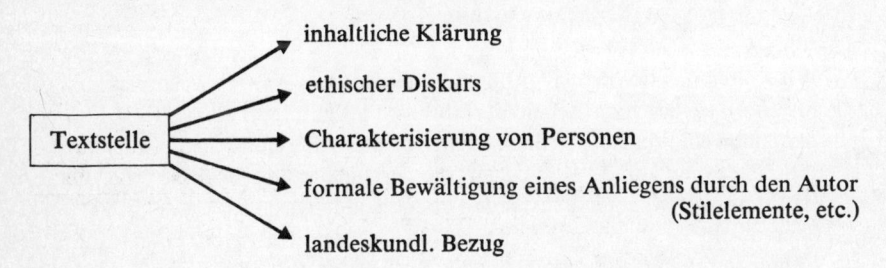

Textstelle →
- inhaltliche Klärung
- ethischer Diskurs
- Charakterisierung von Personen
- formale Bewältigung eines Anliegens durch den Autor (Stilelemente, etc.)
- landeskundl. Bezug

Es liegt auf der Hand, daß eine besonders wichtige und geeignete Textstelle aus dem Leseabschnitt auch einmal vom Lehrer oder von guten Schülern vor-

---

132 Eine Variante zum „plot-diagram" besteht darin, daß der Lehrer nur den Anfang dieses Diagramms an der Tafel vorgibt, die Gruppen jedoch dieses vervollständigen, während sie die betreffende Textstelle durcharbeiten.

gelesen werden kann, ebenso könnte evtl. das Tonband mit einer Originalaufzeichnung (bei der Kreisbildstelle erfragen) eingesetzt werden.

Während im allgemeinen das extensive Lesen mit dem oben beschriebenen kursorischen Verfahren im Lektüreunterricht dominieren wird, können wir gelegentlich (insbesondere am Ende der Sekundarstufe I bei lernstärkeren Gruppen) auch das *intensive Lesen mit dem sog. statarischen Verfahren* einplanen. Wie der Ausdruck „intensive reading" schon sagt, geht es hier um die Feinarbeit an einer *bestimmten Textstelle,* deren Umfang begrenzt ist. Dabei sei zugegeben, daß bereits mancher Arbeitsauftrag, den wir oben vorschlugen, auch beim statarischen Verfahren angewandt werden kann.

Was wird aber jetzt *beim intensiven Lesen erarbeitet?* Hier einige Möglichkeiten für unsere Arbeit:

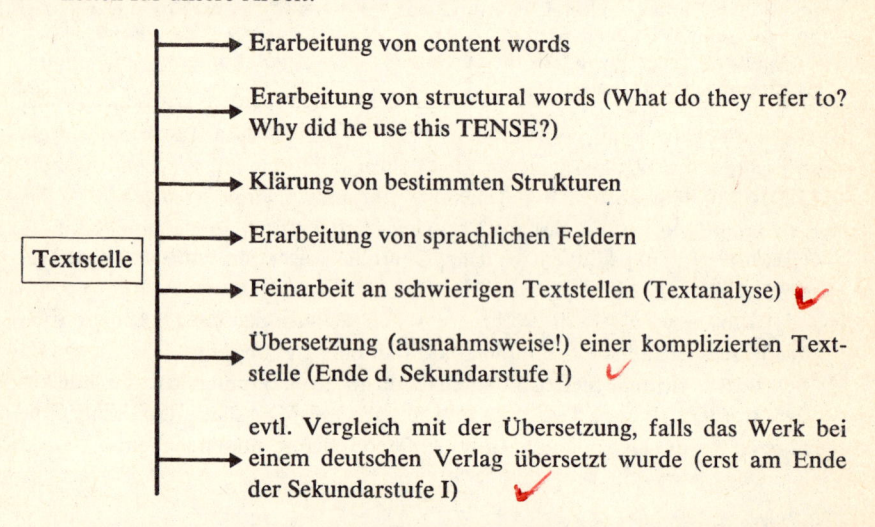

Textstelle
- Erarbeitung von content words
- Erarbeitung von structural words (What do they refer to? Why did he use this TENSE?)
- Klärung von bestimmten Strukturen
- Erarbeitung von sprachlichen Feldern
- Feinarbeit an schwierigen Textstellen (Textanalyse)
- Übersetzung (ausnahmsweise!) einer komplizierten Textstelle (Ende d. Sekundarstufe I)
- evtl. Vergleich mit der Übersetzung, falls das Werk bei einem deutschen Verlag übersetzt wurde (erst am Ende der Sekundarstufe I)

Wir sollten uns freilich davor hüten, intensives Lesen *zu oft* einzuplanen, weil die *Häufung* des statarischen Verfahrens die Lektürearbeit für viele Lernenden langweilig macht; darüber hinaus wird das Lesetempo so reduziert, daß die Zeitspanne von 3—4 Wochen, die wir für die Durchnahme einer Ganzschrift ansetzten, unter Umständen überschritten wird.

So reizvoll die Planung und Durchführung des intensiven Lesens für den Lehrer sein kann, so heilsam für die Ausbildung einer richtigen Lesehaltung eine exakte und kritische Arbeit am Text auch für den Lernenden[133] sein kann, so sollten wir doch darauf achten, daß es *primär* in diesen Stunden darum geht, die Lesefreude zu wecken und zu erhalten.

---

133 Wir denken hier insbesondere an die gymnasiale Form der Sekundarstufe I

5.4 Schreibtüchtigkeit

Nachdem fast alle Schriftzeichen im Englischen mit dem grafischen System der deutschen Sprache übereinstimmen, *bildet die Beherrschung der Orthographie* auf der technischen Seite des Schreibens das erste Ziel.
Die weitere Ausbildung der Schreibtüchtigkeit impliziert dann das einfache Reproduzieren von Sätzen in akzeptabler Form (richtige Lexis und Strukturen), geht über in die Form des gelenkten Schreibens[134] und mündet ein in die Stufe des freien Ausdrucks von Gedanken und Gefühlen, die wir möglichst *immedial* einem wirklichen oder präsumptiven Partner mitteilen wollen.
Nach dieser allgemeinen Definition der Entwicklung der Schreibtüchtigkeit wollen wir diesen Fertigkeitsbereich nun detaillierter vorstellen.

5.4.1 *Die Richtziele für die Orientierungsstufe*

Nachdem im *Anfangsunterricht* (also in den ersten beiden Lernjahren) das Schreiben *besonders differenziert zu sehen* ist, sollen im folgenden die Richtziele zunächst für die ersten zwei Jahre separat dargestellt werden.
Das Schreiben hat seit langer Zeit einen bevorzugten Platz im Lehr- und Lernprozeß in unseren Schulen eingenommen. Diese Wertung wurde — ohne viel Nachdenken — auch für das Lernen einer Fremdsprache übernommen; man hat dabei allerdings übersehen, daß hier — im Gegensatz zum muttersprachlichen Unterricht — der Lernende die gesprochene Form der Sprache erst noch zu meistern hat.
Die Beliebtheit des Schreibens geht aber auch auf eine pädagogische Erfahrung zurück. Jeder Lehrer weiß, daß er mit schriftlichen Übungen die Schüler fürs erste zur Arbeit anhalten und von allzu viel Unfug abhalten kann.
Wie sollen wir es nun mit dem Schreiben im englischen Anfangsunterricht halten?
Das Schreiben wurde als die letzte der vier Grundfertigkeiten genannt. Es tritt in den ersten beiden Jahren im Englischunterricht zurück.
Es ist gut, wenn man sich als Fremdsprachenlehrer daran erinnert, daß ja auch im muttersprachlichen Unterricht oft nur sehr wenige Lernende den Grad erreichen, wo sie sich schriftlich adäquat und korrekt ausdrücken können. Freilich spricht auch einiges für das Schreiben im Fremdsprachenunterricht — auch in den ersten beiden Jahren. Als wir die Bedeutung des Lesens untersuchten, haben wir bereits eine Reihe von Gründen kennengelernt, die dafür sprechen, das Schriftbild im Anfangsunterricht einzuführen.
Was spricht noch dafür?
Einmal ist das Schreiben sicherlich eine der wesentlichen Tätigkeiten im Klaß-

---

[134] Die Formen dafür: zunächst „guided writing" (gelenkte Übungen zum Schreiben von einer kleineren Gruppe von Sätzen) → dann „guided composition" (gelenkte Übung zum Schreiben von Berichten, Briefen, Erlebnissen).

zimmer — immer vorausgesetzt, wir haben uns genau überlegt, *wann* es eingesetzt werden darf und *wieviel* Zeit wir für diese Tätigkeit aufwenden wollen.
Der amerikanische Methodiker N. Brooks hat in seinem Buch „Language and Language Learning" (S. 122—132) vorgeschlagen, im Anfangsunterricht ungefähr 5—10% der Gesamtzeit für das Schreiben anzusetzen. Dies kann natürlich nur als allgemeine Richtschnur gelten. Vorrang haben immer Übungen, die das Hören, Sprechen und Lesen fördern. Das Schreiben sollte weitgehend als *service activity* betrachtet werden.
Dies bedeutet, daß es im Fremdsprachenunterricht in den beiden ersten Jahren nicht um ein freies, kreatives Schreiben geht wie im Aufsatzunterricht der Muttersprache. Es geht vorab um das Notieren von *gesprochener Sprache*. Dabei kann der Lernvorgang bei Schülern, die mehr über das Auge lernen, unterstützt werden. Das Schreiben kann also das Lernen der anderen Sprachfertigkeiten festigen.
Schreiben spielt — leider — eine wesentliche Rolle bei Schul- und Hausaufgaben, die besonders bei großen Klassen nicht völlig entbehrlich sind. Geschriebenes ist leichter zu überprüfen und zu benoten.
Ein freies, selbständiges Formulieren im Schriftlichen kann im Anfangsunterricht nicht erwartet werden. Jedes zu frühe „kreative" Schreiben kann nur dazu führen, daß muttersprachliche Strukturen und Idiome auf die Fremdsprache falsch transponiert werden.
Für lange Zeit sind wir mit einem annähernd freien Schreiben als Ziel schon sehr zufrieden. Ähnliches haben wir bereits beim Sprechen konstatiert. Dieses annähernd freie Schreiben fußt einmal auf gründlicher Vorbereitung im mündlichen Unterricht. Es muß zum zweiten aber auch in verschiedenen schriftlichen Übungen vorbereitet werden.
Gemäß diesen Zielen ergeben sich verschiedene Übungsformen (vgl. 3.4.4):
1) Der Lernende muß mit der Rechtschreibung vertraut werden; dies geschieht einmal in einfachen *Abschreibübungen*. Hier geht es darum, daß ungewohnte Folgen von Buchstaben eingeübt werden. Darüber hinaus müssen die Lernenden dazu gebracht werden, daß sie sich das ganze Wortbild einprägen und das Wort als Einheit aufschreiben.
2) Die nächste Übungsphase beinhaltet die schriftliche Wiedergabe von kurzen Sätzen, ohne daß der Schüler den Text beim Schreiben vor sich hat. Die Übungen müssen so strukturiert sein, daß die Lernenden ohne große Schwierigkeit richtig schreiben. Wo man besondere Orthographieschwierigkeiten überwinden will, bietet sich das sog. *spot dictation* (Lückendiktat) an.
Dann könnten Übungen folgen, bei denen der Lernende die Antwort auf entsprechende Fragen niederschreibt. Anhand eines Bildes können auch bestimmte Wortfelder schriftlich zusammengestellt werden. Hier dient dann das Schreiben nicht nur zur Kontrolle des Wortschatzes; es unterstützt auch die Einübung und Festigung des Vokabulars.

Ziel all dieser Übungsvarianten ist auf dieser Stufe nur die richtige Wiedergabe. All das, was der Lernende vorher gehört, gesprochen und gelesen hat, soll er nun im grafischen System reproduzieren. Keine der Übungen verlangt bisher Originalität oder die Modifizierung der gelernten Sätze.

3) Erst in der dritten Übungsphase wird vom Lernenden gefordert, daß er langsam lernt, wie er Niedergeschriebenes variieren und abwandeln kann. Dies ist eine Analogie zum mündlichen Lernprozeß, nur darf der Lehrer auch hier nicht übersehen, daß die schriftlichen Übungen immer mit *einem gewissen Abstand* den mündlichen folgen sollen.

Die schriftlichen Übungen dieser dritten Lernphase können sich an die Arbeit mit Substitutionstafeln anschließen. Hier wird das Schreiben in den Dienst von Strukturübungen und kombinierten Reihenübungen treten. So kommen die Lernenden Schritt für Schritt dem Punkt näher, wo sie, ausgehend von einem Modellsatz, eine Fülle von abgewandelten Sätzen *richtig* kombinieren können. Dabei lernen sie, wie gewisse Satzbaumuster transformiert oder erweitert werden können.

Auch hier sollte man ein Prinzip des mündlichen Sprachunterrichts auf die schriftlichen Übungen übertragen: entweder übt man gewisse Variationen der Struktur der Sprache, oder man legt den Akzent auf das neue Vokabular. Im Anfangsunterricht sollten auch im Schriftlichen niemals Reihenübungen verlangt werden, die sowohl Abwandlungen innerhalb der Struktur wie auch neues Vokabular bedeuten. Die einfache Regel „one thing at a time" reduziert die Schwierigkeiten und erhöht die Aussicht, daß der Schüler weitgehend nur Richtiges produziert. Das Erfolgsgefühl sollte sich auch bei schriftlichen Übungen somit einstellen und das Lernen effektiver gestalten.

Die Übungen dieser Phase leiten über in die 4. Phase von Schreibübungen, die nun dem Lernenden etwas mehr Freiheit einräumen bei der Wahl des Wortschatzes und bei der Auswahl der Strukturen. Im Englischen werden solche Schreibübungen als *guided writing* (vgl. 3.5.5) bezeichnet. Hier können Lückentexte verwendet werden, wo der Lernende größere Satzteile ergänzen muß. Einsetzübungen können so konstruiert werden, daß er bestimmte Satzteile abwandeln kann und jeweils Gelegenheit hat, neue Bedeutungen auszudrücken, sei es auf dem Gebiet des Vokabulars oder auf dem Gebiet der Grammatik. Schließlich kann der Lernende soweit geführt werden, daß er im Anschluß an einen Text, den er zuvor gehört, gesprochen und gelesen hat, Fragen schriftlich beantwortet (sog. essay-type questions), wobei er — innerhalb des Rahmens von bekannten Strukturen und Wörtern — relativ selbständig schreiben lernt. Hier soll vor allem die Genauigkeit des Ausdrucks geschult werden.

Schriftliche Übungen sollten kurz genug sein, damit der Lehrer nicht durch die Korrektur überfordert wird; denn was er die Schüler schreiben läßt, muß er auch korrigieren.

Eine Hilfe stellen die gedruckten *workbooks* dar. Sie bestehen meist aus Lückentexten und Reihenübungen; oft sind Zeichnungen vorhanden, die als nicht-verbale Reize andeuten, was der Schüler einsetzen soll. In guten workbooks sind die Übungen entsprechend abgestuft, d. h. sie schreiten vom Leichten zum Schwierigen fort; manchmal sind sie bereits differenziert, so daß der Lehrer die Übungen nach Leistungsgruppen aufteilen kann. Es liegt auf der Hand, daß Aufgaben, die in ein so angelegtes workbook geschrieben werden, für den Lehrer einfacher zu überprüfen sind.

Wir sehen also, daß das Schreiben besonders für die Orientierungsstufe ein ziemlich *eigenständiger* Fertigkeitsbereich ist, im Gegensatz zu Hören → Sprechen → Lesen, die viel stärker aufeinander bezogen sind.

5.4.2 *Die Richtziele für die folgenden Jahre der Sekundarstufe I*

Während es in der Orientierungsstufe *vorab* darum ging, daß das Schreiben zur Unterstützung des Lernprozesses (u. a. auch deshalb, weil der Formulierungsprozeß dabei langsamer und bewußter stattfindet) herangezogen wurde, interessiert uns für den *Rest der Sekundarstufe I* vor allem seine *kommunikative Relevanz*.

Im Hinblick auf unser Leitziel müssen wir uns also fragen, *wozu* die Schreibtüchtigkeit in den folgenden Jahren der Sekundarstufe I entwickelt werden soll. Adams und Pearce (1974) postulieren in diesem Zusammenhang zwei Kategorien (die sich freilich nur in der Theorie so isoliert darstellen lassen):

1) Die Kategorie des *„Transactional Writing"*

Hier geht es um alltägliche Schreibleistungen („the bread-and-butter stuff"), und zwar einmal um die *Dienstleistungsfunktion* der geschriebenen Kommunikation („service function") und um die *soziale Funktion* („social uses") der geschriebenen Sprache.

▶ Unter dem Aspekt der „service function" sollte der Lernende u. a. befähigt werden:
  — zur schriftlichen Übermittlung einer knappen Information (z. B. Öffnungszeiten eines Geschäfts);
  — zum Niederschreiben von wichtigen Stichwörtern etc., beim Hören oder Lesen eines Vortrags, Berichts etc. (sog. „note-taking");
  — zum Abfassen einer knappen und einfachen Gebrauchsanweisung/eines Küchenrezeptes etc.
  — zum Abfassen von einfachen „hand-outs" (z. B. für den Ablauf einer Besichtigungstour).

▶ Unter dem Aspekt der „social uses" sollte der Lernende u. a. fähig sein:
  — Briefe einfacher Art abzufassen;

— ein Kurzprotokoll („taking minutes") einer Klassendiskussion niederzuschreiben;
— seine Eindrücke von einem Film oder einer Geschichte zusammenzufassen; dabei ist nicht an die Form des Précis Writing gedacht. In diesem Punkt schließen wir uns für die Sekundarstufe I der Ansicht von Oswald Stein[135] an: „Diese in England so häufig geübte Form ist für den muttersprachlichen Unterricht vorzüglich geeignet; in der Fremdsprache überfordert sie die Schüler" (a. a. O., S. 178).
— einen einfachen Textkommentar zu erstellen; hier werden wir durch eine oder zwei Fragen zu einer Stelle eines Textes eine eigene schriftliche Stellungnahme des Schülers evozieren;
— eine einfache schriftliche *Argumentation* auszuarbeiten: anhand einer kontroversen Frage geben wir ein Hilfsgerüst, indem wir z. B. die „pros" (= die Argumente dafür) schriftlich vorgeben und die Lernenden auffordern, die „cons" (= Gegenargumente) selbst zu finden und niederzuschreiben.

2) Die Kategorie des *„Expressive Writing"*

Hier geht es um erste Versuche des freien, kreativen Schreibens; nachdem diese Art aber schon vielen Schülern in der Muttersprache recht erhebliche Schwierigkeiten bereitet, sollten wir uns in der Fremdsprache nur nach *gründlicher Vorbereitung* (zuerst analoge Texte lesen und besprechen) und mit *entsprechender Fehlertoleranz* an diese Art des Schreibens wagen. Die Lernenden müssen einen klaren Anlaß und einen abgesteckten situativen Rahmen haben. Man könnte u. a. an folgende Zielbereiche denken:

— die Lernenden können ein kurzes *Erlebnis* niederschreiben, wobei vielleicht einige Bilder den Einstieg erleichtern und die Abfolge der einzelnen Aktionen vage andeuten (z. B. „My first day at school");
— die Lernenden können einen kleinen *Bericht* schreiben, der anhand von bereitgestelltem Material abgefaßt wird (z. B. eine Stadtbesichtigungsfahrt durch London). Solche Berichte, bes. auch über lokale Ereignisse, können evtl. in Teilgruppenarbeit erstellt werden.

5.4.3 Die Grobziele

Um die Lernenden zu solcher kommunikativen Schreibtüchtigkeit zu befähigen, müssen wir in unserer Unterrichtsplanung die einzelnen Phasen der Entwicklung der Schreibfähigkeit berücksichtigen. Dazu soll zum Abschluß noch die Übersicht über die *Grobzielbereiche* verhelfen:

---

[135] Stein, O. (1975), S. 177 ff.

▶ 1. Grobzielbereich: „Reproduction"

Hier soll der Lernende nur in der Lage sein, einen Satz, später eine kleine Textstelle richtig abzuschreiben. Dazu gehören auch Übungen, bei denen einzelne Wörter oder Sätze *im Kurzzeitgedächtnis* gespeichert werden (mit Hilfe von flash cards oder des Tageslichtprojektors) und dann *sofort* niedergeschrieben werden (vgl. 3.4.4).

▶ 2. Grobzielbereich: „Recall"

Die Grapheme sind im Langzeitgedächtnis gespeichert worden. Die Lernenden können jetzt z. B. ein Lückendiktat bewältigen, sie können Fragen zu einem Text schriftlich beantworten, sie können zu einzelnen Bildern die passenden Sätze niederschreiben.

▶ 3. Grobzielbereich: „Application"

Hier geht es um die Phase des Transfer. Die Lernenden können jetzt mit Hilfe des „guided writing" bzw. der „guided composition" das Gelernte abwandeln, in neue Situationen transponieren (z. B. „point of view changes" bei einem Bericht). Unbedingt notwendig ist, daß der Prozeß des Umformens und Neuformens von „primary matter" weitgehend *unter Ausschluß der Muttersprache* vor sich geht (immediales Schreiben). Die schwersten Fehler entstehen, wenn in Gedanken ein deutscher Satz Wort für Wort ins Englische transponiert wird. Auch unter diesem Aspekt sollte die Übersetzung auf der Sekundarstufe I als Übungsform vermieden werden.

▶ 4. Grobzielbereich: „Self-Expression"

Wie bereits im Vorhergehenden erläutert, können wir nur bei klarer Abgrenzung der Schreibabsicht, der Rolle und des situativen Rahmens erwarten, daß die Lernenden jetzt eigene Gedanken, Erfahrungen und Meinungen schriftlich niederlegen können. Dazu kann auch die Fähigkeit gehören, anhand einer Bilderabfolge, die dem Lernenden interpretatorische Freiheit läßt, einen Dialog zu erstellen.

Zum Abschluß dieser Ausführungen und Anregungen möchten wir noch einmal W. M. Rivers (1970) zu Wort kommen lassen, die zu diesem viel umstrittenen Fertigkeitsbereich folgende Synopsis gibt:

„What is clear is that writing is a skill which must be taught; it cannot develop haphazardly to any degree of usefulness. It is most efficiently acquired when writing practice parallels practice in other skills. Writing provides an excellent consolidating activity. Through it the teacher can bring welcome variety into classroom work. It is also useful for setting homework exercises, and for some of the class tests. It must not, however, be allowed to absorb time which should be devoted to aural-oral training and to further development of the reading skill ..., it is considered a service activity rather than an end in itself, ..." (a. a. O., S. 258).

6. Zusammenfassung und Ausblick

Wir schließen diesen Beitrag zur Unterrichtsgestaltung ab und hoffen:

— daß dem Leser sich jetzt die Ziele des modernen Englischunterrichts auf der Sekundarstufe I konkreter darstellen;
— daß unser Unterricht durch einen sinnvollen Einsatz von Medien, durch einen partnerschaftlichen Unterrichtsstil und durch eine wissenschaftliche Fundierung des Unterrichtsprozesses näher an diese Ziele heranführen möge;
— daß in Zukunft im modernen Englischunterricht auch die Bedürfnisse der Lernenden stärker berücksichtigt werden;
— daß ein solcher Unterricht nicht nur effektiver sein wird, sondern auch beiden Partnern, dem Lehrer und dem Lernenden, mehr Freude machen wird.

Literaturverzeichnis

Abercrombie, D.: Konversation und gesprochene Prosa. In: Fremdsprachen, Lehren und Lernen (Freudenstein, R./Gutschow, H., Hrsg.) München: Piper 1974
Adams, A./Pearce, J.: Every English Teacher. London: Oxford University Press 1975
Albert, J./Schneider, B. (Hrsg.): Gesammelte Aufsätze zum Transfer. Heft 20, Frankfurt/M.: M. Diesterweg 1973
Alexander, G. L.: Basic Assumptions Affecting Course Design. In: English Language Teaching, vol. XXX, No 2, Jan. 76, pp. 89—103
Allen, E. D.: The Effects of the Language Laboratory on the Development of Skill in a Foreign Language. In: Modern Language Journal 44, Dec. 1960
Andersen, F./Sörensen, K. K.: Medien im Unterricht. Stuttgart: Klett 1972
Anisfeld, M.: Psycholinguistic Perspectives on Language Learning. In: Trends in Language Teaching. (Valdman, A., ed.) New York: McGraw-Hill Book Company 1966
Ball, W. J.: A Practical Guide to Colloquial Idioms. London: Longman 1958
Bederke, H.: Lernspiele im Englischunterricht. In: English, Reprints 1, Berlin: Cornelsen 1971
Benett, W. A.: Aspects of Language and Language Teaching. Cambridge: Cambridge University Press 1969

Bloom, J./Blaich, E.: Lernspiele und Arbeitsmittel im Englischunterricht. Berlin: Cornelsen 1965
Bludau, M.: Didaktische Dialoge. In: Praxis, Heft 3/75
Brodde, W.: Differenzierung. In: Osieka, H. (Hrsg.), 1975
Brooks, N.: Language and Language Learning. New York: Hartcourt, Brace and World 1960
Burgschmidt, E. et al.: Englisch als Zielsprache. München: Hueber 1975
Carroll, J. B.: The Contributions of Psychological Theory and Educational Research to the Teaching of Foreign Languages. In: Valdman, A. (ed.), 1966, p. 93—106
Crystal, D./Davy, D.: Investigating English Style. London: Longman 1974
Currie, W. B.: New Directions in Teaching English Language. London: Longman 1973
Dietrich, I.: Pädagogische Implikationen der Einsprachigkeit im Fremdsprachenunterricht. In: Praxis, Heft 4/73
Dodson, C. J.: Language Teaching and the Bilingual Method. London: Pitman 1967
Doyé, P.: Systematische Wortschatzvermittlung im Englischunterricht. Hannover: Schroedel, Lambert Lensing 1971
Ehlich, K./Rehbein J.: Zur Konstitution pragmatischer Einheiten in einer Institution: Das Speiserestaurant. In: Wunderlich, D. (Hrsg.) 1972
Ek, J. A. van: Linguistics and Language Teaching. In: IRAL, Vol. IX/4. Nov. 71
Ek, J. A. van: The Threshold Level. Council of Europe, Strasbourg 1975
Eppert, F.: Lexikon des Fremdsprachenunterrichts. Bochum: Kamp 1973
Erdmenger, M./Istel, H. W.: Didaktik der Landeskunde. München 1973
Fleming, G.: Versuchungen und Gefahren des Kulturkundeunterrichts. In: Freudenstein, R./Gutschow, H. (Hrsg.), 1974
Foppa, K.: Lernen, Gedächtnis, Behalten. Köln: Kiepenhauer & Witsch 1968
Freudenstein, R.: Rezension zum Pennsylvania Projekt. In: Zielsprache Englisch, Heft 1, 1972
Freudenstein, R.: Für und wider das Diktat. In: Freudenstein, R./Gutschow, H. (Hrsg.), 1974
Fried, V. (ed.): The Prague School of Linguistics and Language Teaching. London: Oxford University Press 1972
George, H. V.: Common Errors in Language Learning. Rowley, Mass.: Newbury House Publishers 1972
Girard, D.: Linguistics and Foreign Language Teaching. London: Longman 1972
Gompf, G.: Englisch in der Grundschule. Weinheim: Beltz 1971
Gramsch, Elis: Ein Gedicht im Unterricht. In: English, Reprints 1 Berlin: Cornelsen, Velhagen & Klasing 1971
Guilford, J. P.: Personality. New York, Toronto, London: McGraw-Hill Book Company Inc. 1959
Gutschow, H. (Hrsg.): Englisch. Berlin: Cornelsen, Velhagen & Klasing 1974
Gutschow, H.: Leistungsdifferenzierter Unterricht. In: Gutschow, H. (Hrsg.), 1974
Haase, A.: Englisches Arbeitswörterbuch. Frankfurt/M.: M. Diesterweg 1964
Halliday, M. A. K., et al.: The Linguistic Sciences and Language Teaching. London: Longmans 1964
Hartmann, K.: Wortschatz. In: Zur Didaktik des Englischunterrichts. München: TR-Verlagsunion 1972
Hecht, Karlheinz: Englisch, Sekundarstufe I Bd. 1: Grundlagen. Donauwörth: Auer 1974
Heimann, P. et al.: Unterricht — Analyse und Planung. Hannover: Schroedel 1965

Heuer, H./Hyder, E.: Das Lernen neuer Wörter in Beziehung zur Vokabelzahl, zur Darbietungsmethode und zur Altersstufe. In: Praxis des neusprachlichen Unterrichts, Heft 1, 1971
Hilton, J. B.: Language Teaching, A Systems Approach. London: Methuen Educational LTD 1974
Hocking, E.: Language Laboratory and Language Learning. Monograph 2, Department of Audio-Visual Instruction of National Education Association, USA 1964
Hornby, A. S.: Advanced Learners Dictionary of Current English. London: Oxford University Press 1974
Howatt, A. P. R.: Programmed Learning and the Language Teacher. London: Longman 1972
Hüllen, W.: Linguistik und Englischunterricht 2. Heidelberg: Quelle & Meyer 1976
Katona, G.: Organizing and Memorizing. New York: Columbia University Press 1940
Keating, R.: A Study of the Effectiveness of Language Laboratories. New York: Institute of Administrative Research, Columbia University 1963
Keim, W. (Hrsg.): Gesamtschule, Bilanz ihrer Praxis. Hamburg: Hoffman & Campe 1973
Keller, G.: Grundlegung der kulturkundlichen Didaktik durch ein sozial-psychologisches Modell der Völkerverständigung. In: Die Neueren Sprachen, Heft 12, Dez. 68
King, P. E./Mathieu, G./Holton, J. S.: Technik und Arbeitsformen des Sprachlabors. Berlin: Cornelsen, Velhagen & Klasing 1971
Köhring, K./Beilharz: Begriffswörterbuch, Fremdsprachendidaktik und -methodik. München: Hueber 1973
Köhring, K.: Visuelle Kommunikation im Fremdsprachenunterricht. In: Der fremdsprachliche Unterricht, Heft 35/1975
König, E./Riedel, H.: Unterrichtsplanung als Konstruktion. Weinheim: Beltz 1971
König, E./Riedel, H.: Systemtheoretische Didaktik. Weinheim: Beltz 1974
Kohn, J. J./Vajda, P. G.: Peer-Mediated Instruction and Small-Group Interaction in the ESL Classroom. In: TESOL, Quarterly, Vol. 9, No 4, Dec. 75
Lado, R.: Language Teaching. New York: McGraw-Hill Book Company 1964. Dt. Übersetzung bei Hueber, München
Landar, H.: Language and Culture. New York: Oxford University Press, 1966
Lee, W. R.: Language Teaching Games and Contests. London: Oxford University Press 1968
Leupold, E.: Aspekte der Lernzielbestimmung unter Berücksichtigung der Sprachtheorie. In: Neusprachliche Mitteilungen, Jahrgang 75
Maas, U./Wunderlich, D.: Pragmatik und sprachliches Handeln. Frankfurt/M.: Athenäum 1974[3]
Macht, K.: Lernzielkontrolle im Englischunterricht. Donauwörth: Auer 1975
Macht, K./Schloßbaur, R.: Englischunterricht audio-visuell. Donauwörth: Auer 1975
Madariaga, S.: Englishmen, Frenchmen, Spaniards. An Essay in Comparative Psychology. London: Oxford University Press 1923
Mayer, A./Gumtau, H.: Read and Think before Answering. München: Hueber 1975
Methold, K.: English Conversation Practice. London: Longman 1975
Miller, G. A.: Some Psychological Studies of Grammar. In: American Psychologist 17, 1962
Miller, G. A./Isard, S.: Free Recall of Self-Embedded English Sentences. Information & Control 1964
Mumme, M.: Sprachlabore oder Aporien der Verwertungsinstruktion. In: Diskussion zur Unterrichtstechnologie und Sprachdidaktik. Heft 8, Goethe Institut München 1975, SS. 72—100

Nilsen, D. L. F.: Contrastive Semantics in Vocabulary Instruction. In: TESOL, Quarterly, Vol. 10, No 1, March 1976
Novicicov, E.: On the Role and Place of Image in the Process of Teaching Foreign Languages. In: Funktionen und Leistungen des Bildes im Fremdsprachenunterricht. (Werkstattgespräche), Goethe-Institut München, 1971
Olechowsky, R.: Das Sprachlabor — Theorie — Methode — Effektivität. Wien: Herder 1970
Osieka, H. (Hrsg.): Probleme, Prioritäten, Perspektiven des fremdsprachlichen Unterrichts. Frankfurt/M.: M. Diesterweg 1975²
Palmer, H. E.: The Principles of Language Study. (1921) London: Oxford University Press reprint. 1964
Palmer, H. E.: A Grammar of English Words. London: Longmans 1938 (reprint. 1965)
Palmer, H. E.: The Scientific Study and Teaching of Languages. (1917) London: Oxford University Press reprint. 1968
Palmer, H. E./Redman, H. V.: This Language-Learning Business. London: Oxford University reprinted 1969
Parreren, C. van: Lernprozeß und Lernerfolg. Braunschweig: G. Westermann 1966
Piepho, H. E.: Stundenvorbereitung. Dornburg-Frickhofen: Frankonius 1973
Piepho, H. E.: Kommunikative Kompetenz als übergeordnetes Lernziel im Englischunterricht. Dornburg-Frickhofen: Frankonius 1974
Piepho, H. E.: Didaktische Modelle und Artikulationsphasen des Unterrichts. In: Osieka, H. (Hrsg.), 1975²
Pimsleur, P.: A Memory Schedule. In: Modern Language Journal, Vol. 51, 1967
Politzer, R. L.: Some Reflections on Transfer of Training in Foreign Language Learning. In: IRAL, Vol. III/3, 1965
Posner, R.: Theorie des Kommentierens. Frankfurt/M.: Athenäum 1972
Pynsent, R. B. (ed.): Objective Tests im Englischunterricht der Schule und Universität. Frankfurt/M.: Athenäum 1972
Richards, J. C. (ed.): Error Analysis. London: Longman 1974
Richards, J. C.: The Role of Vocabulary Teaching. In: TESOL, Quarterly, Vol. 10, No 1, March 76
Rivers, W. M.: The Psychologist and the Foreign-Language Teacher. Chicago: The University of Chicago Press 1964
Rivers, W. M.: Teaching Foreign Language Skills. Chicago/London: The University of Chicago Press 1970
Salistra, I. D.: Methodik des neusprachlichen Unterrichts. Berlin: Volk und Wissen 1962
Sapir, E.: Selected Writings in Language, Culture and Personality. In: (Mandelbaum, D. G., ed.), California: Berkeley 1949
Savin, H. B./Perchonock, E.: Grammatical Structure and the Immediate Recall of English Sentences. In: Journal of Verbal Learning and Verbal Behaviour, 1965/4
Schrand, H.: Eine Zusammenstellung von Übungsbändern für das Sprachlabor. In: Osieka, H. (Hrsg.), 1975²
Schrey, H.: Textlinguistik und Fremdsprachendidaktik. In: Der fremdsprachliche Unterricht, Heft 27, Aug. 73
Schulz, W.: Unterricht — Analyse und Planung. In: Heimann, P. et al. 1965
Schwerdtfeger, J. C.: Medien im neusprachlichen Unterricht: wozu? In: Der fremdsprachliche Unterricht, Heft 35, 1975
Searle, J. R.: Sprechakte. (dt. Übers.) Frankfurt/M.: Suhrkamp 1973
Seliger, H. W.: The Discourse Organizer Concept. In: IRAL, Vol. IX/3, 1971

Slobin, Dan I.: Einführung in die Psycholinguistik. Kronberg: Scriptor 1974
Smith, G. W./Stoldt, P. H.: Look here. English Picture Stories. München: Hueber 1968
Smith, Ph. D., Jr.: A Comparison of the Cognitive and Audiolingual Approaches to Foreign Language Instruction. Pennsylvania: The Center for Curriculum Development 1970
Stein, O.: Erziehung zum Schreiben. In: Osieka, H. (Hrsg.), 1975²
Valette, R.: Tests im Fremdsprachenunterricht. Berlin: Cornelsen, Velhagen & Klasing 1972
Weidner, L.: Classroom Phrases. München: Hueber 1968
West, M./Hoffmann H. G.: Englischer Mindestwortschatz. München: Hueber 1971
Wetzel, E.: It's Fun to Play, It's Fun to Guess. Frankfurt/M.: Diesterweg 1969
White, R.: Communicative Competence, Registers and Second Language Teaching. In: IRAL, Vol. XII, 1974
Whorf, B. L.: Language, Thought and Reality. In: Selected Writings (Carroll, J. B., ed.), Cambridge/Mass. 1956
Wilkins, D. A.: Linguistics in Language Teaching. London: Ed. Arnold Ltd. reprinted 1973
Wilkins, D. A.: Second-Language Learning and Teaching. London: Ed. Arnold Ltd. 1974, reprinted 1975
Winkeler, R.: Differenzierung, Funktion, Formen und Probleme. Ravensburg: O. Maier 1975
Wunderlich, D. (Hrsg.): Linguistische Pragmatik. Frankfurt/M.: Athenäum 1972

Stichwortverzeichnis

abilities
– cognitive 11
– convergent 15
– divergent 15
– evaluative 14 f.
– productive 14 f.
accuracy 42, 53, 60, 68
Addita
– als Differenzierungsmaßnahme 26
Aktivsätze
– als Problem für Speicherung und Verstehen 12, 22
Analyse
– didaktisch 17, 21, 24
– kontrastiv 103
– methodisch 25, 32, 93 ff.
antonyms 43, 46
application 115, 138
appropriacy (Angemessenheit) 19, 28, 68
Äquivalenz von Situationen 65, 72
Artikulationsstufen 25 ff.

Bewertung von Unterrichtsstunden 102 f.
Bezugsfeld (semantisch) als Hilfe zur Wortschatzarbeit 43
Bilder als Sprechanlaß 76
Bildergeschichten 81
Binnendifferenzierung 22, 92, 105 f.
Blockpraktikum; fachdidaktisches 26
build-up exercises 53, 56

cloze test 48
cohesion 81
communicative exercises 66, 85 f.
composition exercises 44
comprehensibility 68
comprehension skills 108
comprehension 112, 129
context of situation 11 f., 20 ff., 39, 61, 63, 88
contextualisation 53, 55

discrimination 53 f.
Diskurs 18

143

Distraktoren 36
Divergenz 79
Dolmetschübungen 83

Einzelunterricht 90
elision 81
Erfolg von Sprechakten 69
essay-type questions 36
exercises 74
expansion exercises 53, 63
expository teaching 60
expressive writing 137

Fehler 66 ff.
Fehlerquellen 62
Fehlertoleranz 67 f., 137
Feinziel 28, 30 ff.
Find the corresponding form (als grammar exercise) 57
Find the odd man out (als phonetische Übung) 41
flow chart 65, 119, 124
fluency 53, 60, 68
Frontalunterricht 90
Fundamentum 22, 26, 36

Gedächtnisspanne 13
generative drills 30, 70, 74
grammar exercises 52 ff.
grammar sensitivity 52
grammatical meaning 52
Grammatik 50 ff.
Grobziel 20, 30, 74, 111 f., 115, 128, 137
group work 91 f.
guided discovery 60
guided questions 83
guided writing 47, 135, 138
guiding 83 f., 91, 105, 115

headings als Vorentlastung bei der Darbietung 32, 34

Informationselement; analog 18
Informationselement; digital 18
interference
– development 62
– interlingual 62, 67
– intralingual 62, 67, 69
Interferenz 24, 62, 71, 103, 127
invention 53

jumbled sentences 57

key words 33 f., 83, 131
Kognition 11 f.
kognitive Handlungsstrukturen 71
Kollokation 14, 27, 101, 112
Kollokationsfelder 45 f.
Kommunikation beim Lesevorgang 126

Kommunikation 19, 31, 35, 66, 77, 91, 102, 115, 129
kommunikative Kompetenz 9 f., 17 f., 28, 64, 86, 109
kommunikative Schreibaufgaben 138
Kontextualisierbarkeit 20
Kontextualisierungsübungen 78
Konvergenz 79
Kurzzeitgedächtnis 12 f., 34, 39, 138

Landeskunde 28, 131
Langzeitgedächtnis 14 f., 39, 138
Lektüreunterricht 129 ff.
Lerninhalt 17, 22 f., 105
Lernpsychologie 69 f., 73
Lernspiele 87
Lernziel 17, 26, 31, 87, 97, 102, 105
Lernzielkontrollen 34 f., 40 f., 57 f., 129
Lernzyklus 17, 19, 26 f.
Lexis 43 f.
L_1 11, 35, 45
L_2 30, 33, 35 f., 47, 49, 51, 70, 85, 92, 127
Linguistik kontrastiv 22
linguistische Einflüsse auf Sprachübungen 63
listening comprehension 31, 35, 86, 107 f., 112
Lückendiktat 134, 138
Lückentexte 15, 42 f., 57 f., 84, 134 f.

Matrix
– morphologisch 44
– semantisch 44
Medienorganisationsplan 95, 97, 99, 106
memory schedule 38
minimal pair drill 41, 112
mode of discourse 88 f.
Motivation 23, 32, 37, 45, 87, 92, 104
multiple-choice Verfahren 36, 45, 129, 131

Nacharbeit mit Texten 46 f., 80
negativer Transfer 36
note-taking 136
notion specific 23

overlearning 29

pair discrimination 41
paradigmatische Wortschatzübung 43
Passivsätze (als Problem für Speicherung und Verstehen) 11, 22
pattern practice 15, 39, 54 ff., 81, 89, 113
perception 112, 128
practice drills 29 ff., 51
Pragmalinguistik 12, 19
Pragmeme 119
Praxeogramm 65, 84 f., 119, 121
pre-communicative exercises 64
precision exercises 79
Primat des Mündlichen 18, 108, 114

productive skills 22, 24, 31, 34, 105, 110
Prosodie 111, 121
Psycholinguistik 11 ff., 22
psychological role 77, 88

questions on the text 58

reading comprehension 31, 35, 86, 93, 107, 125 f.
recall 38 f., 115, 127, 138
reception 112, 129
receptive skills 22, 24, 31, 34, 54, 105, 126
Rechtschrift 42
recognition 112, 128
Redundanz 110
Register 23, 28, 30, 87 ff., 105, 112, 121
Reihenübungen 52 f., 63 f.
reiteration 53 f.
repetition 53
reproduction 138
reproductive speaking 34, 115
Richtzielbereich Hören 108 f.
Richtzielbereich Lesen 120 f.
Richtzielbereich Schreiben 133 f.
Richtzielbereich Sprechen 113 f.
role-playing 65, 122
Rollenkompetenz 17, 19, 72 f.

self-expression 115, 138
Semantik (Satz-/Situations-) 28
semantische Matrix 44
sentence switchboard 72, 74, 83
setting 23, 77, 91
Signalwörter 14
skills 24, 107
social event 19
social role 23, 77, 88 f.
socio-cultural skills 114
Sozialformen des Unterrichts 74, 90, 92
soziokulturelle Teilkompetenz 28
speech functions 120
Speicherung von sprachlichen Einheiten 38 f.
spot dictation 42
Sprachanwendungsphase 26, 30, 46, 55, 64, 68, 73, 99
Sprachaufnahmephase 25, 32 f., 99
Sprachfunktionen 18 f., 31

Sprachhandeln 14 ff., 51, 66, 83, 101
Sprachlabor 95 ff.
Sprachverarbeitungsphase 25, 29 f. 35 f., 42, 46, 52, 55, 62, 68 f., 91, 99
Sprechakt 19, 28, 65, 97, 118 f.
stimulus-response theory 52, 71, 76
style of discourse 88 f.
substitution 12, 42, 53 f., 62 f., 75, 81, 113, 135
summary 80
synonyms 43
syntakmatische Wortschatzübung 44
synthesis 115
systematic grammar 47 f.

Taxonomie des Sprachverhaltens 66, 73
Teilgruppenunterricht 90 f., 96, 124, 131
Test
– formativ (dicrete-point testing) 35
– summativ (integrative testing) 36
Text als Element der Kommunikation 126
Textgrammatik 81
Transfer 29, 51, 59, 65 f., 69 ff., 81, 90 f., 101, 109, 112, 114, 129, 138
transformation 53, 55
trial-and-error-learning 15, 17, 62, 67, 69
triple pair drill 41
true/false/I don't know 35, 43

Übungen zu narrativen Texten 80
Übungen zur Texterstellung (discourse exercises) 81 f.
ungraded item 21
ungraded material 66, 112
Unterrichtsgespräch 46
Unterrichtssprache 93
Unterrichtszyklus 11, 17, 18, 25 f., 31

Valenzhandlungen 71
Vokabelheft 48 f.

Wiederholungsphasen für Gelerntes 38
Wortfeldübung 75
Wortschatz
– produktiv 27, 43
– rezeptiv 27, 43, 45
writing expressive 137